나의 조물주

인과품 설교집을 내며

대종경 변의품 9장에 '너의 조물주는 너고 나의 조물주는 나이며, 일체 생령이 다 각각 자기가 자기의 조물주다' 라고 처처불상을 아주 쉽게 설명해 주셨습니다.

나의 운명을 좌우하는 절대자를 일러 조물주라고 합니다. 그런데 나의 운명을 좌우할 절대자는 과연 누구일까요? 그것은 법신불 사은님도 아니고 부처님도 아니고 하나님도 아니고 바로 나 자신입니다.

법신불 사은이 없어서는 살 수 없는 절대자로 전체 신앙의 대상이기는 하지만, 그 법신불 사은도 내가 짓지 않은 복을 줄 수 없고, 내가 짓지 않은 벌을 줄 수 없습니다.

법신불 사은도 내가 지은대로 되돌려 주는 절대자이지, 보통 사람들의 생각처럼 나의 운명을 좌지우지 하지는 않습니다. 법신불 사은의 은혜 속에 살면서, 내가 짓는 육근 동작대로 나의 운명이나 나의 인생이 창조가 되는 것이기 때문에, 내가 나의 조물주인 것입니다.

우주 전체의 조물주인 법신불 사은이 없이는 절대로 내가 존재할 수도 없고, 내가 창조자가 될 수도 없다는 것을 알고 믿어야 합니다. 또한 죄복을 줄 수 있는 권한을 가진 천지 만물 모든 처처불을 합하여 법신불 사은이라고 하는 것이므로, 부분적으로 나누어진 각자가 법신불 사은의 분신입니다. 각자가 각자의 조물주이기 때문에 처처불인 것입니다.

처처불은 죄복을 좌우할 권한을 가진 조물주이기 때문에, 다른 부처의 영역을 침범하면 반드시 보복이 따르므로, 자기를 창조하는 범위에서 그쳐야 합니다.

그 처처불의 권한을 믿고 그 부처가 좋아하고 싫어하는 바에 맞춰 나의 복락을 구하고 내가 원하는 인생을 창조하는 것이 인과 신앙입니다.

인과 신앙의 요점은, 죄복의 권한을 행사할 능력을 가진 조물주인 그 처처불의 뜻을 거스르면 나에게 죄벌이 돌아오고, 그 조물주인 처처불의 뜻을 따르면서 불공을 잘하면 복을 받게 된다는 것입니다.

따라서 법신불 사은을 절대자로 믿고, 천지 만물도 나도 절대자임을 믿어서, 보은불공의 생활을 하라는 것이 원불교의 인과 신앙입니다.

바른 인과 신앙으로 행복한 미래를 창조하기를 염원하는 마음으로 이 대종경 인과품 설교집을 내게 되었습니다. 짧은 지식으로 일원대도를 조문상덕(彫文傷德) 하는 것은 아닌지 염려스러울 뿐입니다.

잘못된 부분이 있으면 지도 편달을 부탁드립니다.

김명원 합장

목
차

우주의 진리는
생멸 없이 돌고 돈다

대종사 말씀하시기를 「우주의 진리는 원래 생멸이 없이 길이길이 돌고 도는지라, 가는 것이 곧 오는 것이 되고 오는 것이 곧 가는 것이 되며, 주는 사람이 곧 받는 사람이 되고 받는 사람이 곧 주는 사람이 되나니, 이것이 만고에 변함없는 상도(常道)니라.」

대종경 인과품 1장

세계적으로 잘 알려진 윤회 전문가로 미국인 에드가 케이시 (Edgar Cayce)란 학자가 있습니다. 그는 윤회를 인정하지 않는 기독교를 믿는 사람인데, 현대 사회에서 인과와 윤회 문제에 대하여 세계적으로 가장 큰 공을 세운 학자입니다.

그는 주소 성명만 가르쳐 주면 수 천리 떨어져 있는 사람의 병을 모두 진찰할 수 있는 '기적인'으로 불리웁니다. 그가 그렇게 처방을 내고 치료하면 모든 병이 낫는다고 합니다.

케이시를 찾아온 병자들은 "나에게 어찌하여 이런 일이 일어날까?"라고 누군가를 원망하며 말한다고 합니다. 그런데 최면을 통해 과거를 읽어보면 한결같이 그들이 현재 당면한 문제들은 가까운 과거에서나, 몇 세기 지난 과거에서 자기의 잘못으로 비롯된 인과의 고리에서 시작되었다고 합니다.

케이시는 많은 사람들의 병을 진찰하면서 그 원인이 전생에서 넘어오는 것이 많다는 것을 알았습니다. 에드가 케이시가 투시를 통해 밝힌 전생과 금생과의 인과 관계에 대한 사례를 들어보면 이렇습니다.

어떤 사람은 자식을 낳고 사는 부부간이지만 사이가 무척 나빠서 그 전생을 알아보니 서로 원한이 맺힌 사이였습니다. 또 어떤 사람은 부부간에 사이가 무척 좋아서 그 전생을 알아보니 아버지와 딸 관계이거나 혹은 어머니와 아들 관계였습니다.

에드가 케이시의 윤회의 비밀에 대한 기록 원리는 이렇습니다.

첫째, 사람마다 다른 생각이나 성격, 미덕, 결점, 난치병 등을 가지고 있는 것은 전생에 그 원인이 있다는 것입니다.

둘째, 인간 무의식 속에는 각 개인이 과거에 거쳐 온 모든 경험의 자료가 잠재의식으로 간직되어 있다는 것입니다.

셋째, 이 우주 속에 일어나는 모든 일들은 인연의 끈으로 엮여져 있으며, 그런 기억을 읽는 능력은 인간 각자에게 원래 갖추어져 있어서, 아무리 먼 과거의 어떤 일이라도 그것이 기록되어져 있다가 마음에 지혜의 문이 열리면 읽을 수 있다는 것입니다.

물질세계가 인과의 관계에 인연하여 일어나듯이, 에드가 케이시는 정신세계 역시 물질에 일어나는 것과 똑같은 인과 윤회의 법칙에 따른다는 것을 증명한 것입니다.

이와 같은 인연 과보 원리를 알아보기 위해 인과품 1장을 가지고 공부하도록 하겠습니다.

대종경 인과품 1장 내용은 인과의 이치를 설명하는 중요한 원리이기 때문에 외우고 일상 생활에서 늘 대조하며 살아야 할 법문입니다.

우주의 진리는 원래 생멸이 없이 길이길이 돌고 돈다.

이랬다 저랬다 원칙이 없는 것은 진리가 아닙니다. 세상이 아무리 바뀌어도 변함없는 원칙을 우리는 진리라고 합니다.

이 우주가 생멸이 없이 길이길이 돌고 도는 것은 만고불변의 진리이기 때문에, 그 우주에 포함된 모든 것도 생멸이 없이 돌고 도는 것입니다. 따라서 나라는 존재도 우주와 함께 생멸이 없이 길이길이 돌고 도는 영원한 것입니다.

그렇다면 우리는 몇 살이나 될까요?

나의 육신은 영혼이 입는 옷이고, 영혼이 깃들어 사는 집입니다. 일반적으로 말하는 나이는 영혼이 입고 사는 옷인 육신의 나이를 말합니다. 그러나 돌고 도는 나는 이 육신이 전부가 아니라, 육신 안에 사는 나라는 영적인 존재가 생멸이 없이 영원한 것이기 때문에 돌고 돈다고 합니다.

진리를 모르는 우리는 육안(肉眼)으로 볼 때 눈앞에 있으면 '생'이라 하고 눈앞에서 사라지면 '멸'이라고 합니다. 다시 말해, 영적인 참 나의 인연을 따라 몸이 형성되면 '생'이라고 하고, 살다가 인연이 다해서 영혼이 떠나고 육신이 흩어지면 '멸'이라고 합니다. 이렇게 영적인 참나의 존재는 지수화풍이 모였다 흩어졌다 하면서 끊임없이 돌고 도는 것입니다.

가는 것이 곧 오는 것이 되고 오는 것이 곧 가는 것이 된다.

돌고 도는 원리로 볼 때 눈앞에서 사라지면 끝나는 것이 아니라, 사라진 것은 다시 나타나고 나타난 것은 다시 사라집니다. 인연따라 몸을 받아 태어나서 나타나는 것을 온다고 하고, 인연이 다하여 몸이 죽어서 사라지는 것을 간다고 하는 것입니다. 이렇게 반복되는 것을 오고 간다고 하는 것입니다. 사람이 되었든 동물이 되었든 재산이 되었든 명예가 되었든, 나와 인연이 된 모든 것은 고정된 것이 아니라 만나고 헤어지는 것이 돌고 돌면서 가고 오는 것입니다.

주는 사람이 곧 받는 사람이 되고
받는 사람이 곧 주는 사람이 된다.

인생을 공수래공수거(空手來空手去), 즉 빈손으로 왔다가 빈손으로 간다고 합니다. 겉으로 보면 그 말이 맞는 것 같습니다. 맨 몸으로 태어나기도 어려운데, 어머니 뱃속에서 무엇을 어떻게 가지고 나오겠습니까?

나라고 하는 영혼이 보이지는 않지만, 진리적으로 보면 전생의 업 보따리를 들고 몸 받아와서 살다가, 떠날 때는 나의 영혼이 몸과 마음으로 일생동안 지어놓은 보이지 않는 업의 보따리를 짊어지고 가는 것입니다.

USB에 정보를 저장하여 간편하게 휴대하듯, 영생의 정보는 우주와 내가 공유하는 함장식이라고 하는 우주의 메인 컴퓨터에 모두 저장되며, 나의 영혼과 항상 연결되어 있습니다. 일생동안 몸과 마음으로 지은 그 업의 보따리를 함장식이라는 창고에 저장해 놓고 그 비밀정보만 가지고 가기 때문에, 현실적으로 보면 빈손으로 왔다가 빈손으로 간다고 하는 것이 맞습니다. 그러나 진리적으로 보면 업을 가지고 왔다가 업을 가지고 가는 것입니다.

가고 오고 돌고 돌면서 그 속에 사는 모든 존재들이 주고 받기를 반복하기 때문에, 그 주고 받는 데에 공부가 있습니다. 잘 주면 잘 받고 잘못 주면 잘못 받게 되는 것이 인과의 원리인 것입니다.

나는 잘못 주면서 상대가 잘 주기를 바라는 것은 욕심일 뿐이지, 그렇게 안 되는 것이 인과의 진리입니다. 그러므로 마음공부로 잘 주고 잘 받는 것은 우리가 영생을 통해서 해야 할 지상 과제입니다.

만고에 변함없는 상도(常道)

생멸이 없이 돌고 도는 것과 가면 오고 오면 가는 것과 주면 받고 받으면 주는 것이, 영원한 시간을 통해서 변함없는 도이며 변함없는 진리입니다. 생멸이 없기 때문에 막된 생각과 막된 행동을 해서는 안 되고, 돌고 돌아서 그대로 되돌아 올 것을 생각해서 책임 있는 생각과 책임 있는 행동을 해야만 합니다.

간다고 너무 서러워할 것도 없고 온다고 너무 좋아할 것도 없습니다. 사람이 되었든 물건이 되었든 오면 갈 것도 생각해야 하고, 가면 올 것도 생각하며, 영생을 바라보고 책임 있는 행동을 해야 합니다. 또한 받으면 주어야 하고 주면 받는 것이기 때문에, 좋은 것만 받고 나쁜 것만 되돌려 주려고 하는 이기적인 생각은 버려야 합니다.

항상 돌고 도는 진리, 가면 오는 진리, 주면 받는 진리를 잊지 않고, 진리에 맞게 살아야 나의 앞길이 열리고 갈수록 행복한 일이 많이 생길 것입니다.

인과품 1장의 말씀을 잊지 않고 살아가면 인과에 토를 떼고 현명한 인생을 살아 갈 수 있습니다.

참고로 말씀드릴 것은 돌고 돌며 오고 가며 주고 받는 단순한 원리 속에, 감정이 들어 돌고 돌며, 감정이 들어 오고 가며, 감정이 들어 주고 받기 때문에, 그것이 몇 억만 번의 변수가 생겨나고, 세상만사 시시비비가 일어나며, 이해관계로 싸우는 것입니다.

그래서 마음공부를 잘해야 잘 돌 수 있으며, 마음공부를 잘 해야 잘 오고 잘 갈 수 있으며, 마음공부를 잘 해야 잘 주고 잘 받을 수 있습니다.

이러한 이유 때문에 대종경 요훈품 1장에 '마음공부가 모든 공부의 근본이 된다' 고 밝혀주셨습니다.

우리 모두 대종경 인과품 1장에 밝혀주신 원리를 잊지 않고 공부심으로 살면서 인과에 끌려가지 말고 인과를 응용해서 영원히 행복한 인생을 창조해 갑시다.

인과보응의 원리

대종사 말씀하시기를 「천지에 사시 순환하는 이치를 따라 만물에 생·로·병·사의 변화가 있고 우주에 음양상승(陰陽相勝)하는 도를 따라 인간에 선악 인과의 보응이 있게 되나니, 겨울은 음(陰)이 성할 때이나 음 가운데 양(陽)이 포함되어 있으므로 양이 차차 힘을 얻어 마침내 봄이 되고 여름이 되며, 여름은 양이 성할 때이나 양 가운데 음이 포함되어 있으므로 음이 차차 힘을 얻어 마침내 가을이 되고 겨울이 되는 것과 같이, 인간의 일도 또한 강과 약이 서로 관계하고 선과 악이 짓는 바에 따라 진급 강급과 상생 상극의 과보가 있게 되나니, 이것이 곧 인과보응의 원리니라.」

대종경 인과품 2장

조선조 숙종 임금이 미행(微行)을 나갔을 때의 일입니다. 숙종이 가난한 어느 움막집을 지나다 물 한잔을 얻어 마시며 집안을 살피니, 가난하고 보잘 것 없는 집인데도 안에서 웃음소리가 끊이지 않았습니다.

숙종은 "사는 형편이 말이 아닌 것 같은데 무엇이 그렇게 좋아서 웃느냐"고 물었습니다.

낯선 사람이 임금이라는 것을 전혀 눈치채지 못한 집 주인은 "이렇게 살아도 빚을 갚을 수 있고 저축도 할 수 있으니 얼마나 좋소. 그래서 저절로 웃음이 나오는 구려"하고 대답을 했습니다.

임금은 그 말이 그 집의 형편과 너무 맞지 않는 것 같아 내관을 시켜 조사를 하도록 했습니다. 그런데 며칠을 조사해 보았지만 숨겨둔 재산이라고는 아무것도 없었습니다.

임금은 집 주인에게 "재산도 없는데 무슨 재간으로 빚도 갚고 저축도 할 수 있느냐"고 다시 물었습니다.

집 주인은 "부모님을 봉양하니 빚을 갚는 것이고 우리 내외 노후를 의지할 자식을 키우니 그게 저축 아니냐"고 대답했습니다.

이에 크게 감동한 숙종은 상을 내리고 귀감을 삼도록 했다고 합니다.

이러한 논리로 본다면 물질 위주의 행복을 추구하는 현대인들이 얼마나 어리석은지 반성해 볼 문제입니다.

인과 공부는 행복한 인생을 살고자 하는 공부입니다. 행복의 조건이 무엇인지 인과의 원리를 설명하는 것이 대종경 인과품

제 2장 법문입니다.

인과의 원리

이 세상에는 변하지 않는 불생불멸의 이치와 변하는 인과보응의 이치가 있는데, 이것은 서로 다른 진리가 따로 있는 것이 아니라 하나의 진리입니다. 하나의 진리는 손의 앞뒤처럼 다른 면이 있습니다.

그러므로 인과보응이 없는 불생불멸이 있을 수 없고, 불생불멸이 없는 인과보응이 있을 수 없습니다. 따라서 인과보응이라고만 해도 자연히 불생불멸이 포함되어 있습니다.

인과보응은 내가 살아가는 현실에서 항상 만나는 현실 문제이기 때문에 누구나 쉽게 이해를 하는 것 같은데, 대부분의 사람들은 인과에 대한 구체적인 원리를 모르고 자기 편의대로 인과를 해석하여 자기 잘못은 덮고 남의 탓 팔자 탓만 하며 고통스럽게 살아가고 있습니다.

인과의 원리를 확실하게 이해하면 우리가 이 세상을 살아갈 때 헛고생 하지않고 편안하게 할 일만 하면서 잘 살 수 있기 때문에 인과의 원리는 반드시 알아야 합니다.

생로병사 변화의 원리

'천지에 사시 순환하는 이치를 따라 만물에 생 · 로 · 병 · 사의 변화가 있다.'고 하였습니다.

우리가 봄 · 여름 · 가을 · 겨울, 그리고 다시 봄이 오는 것은 알고, 또한 모든 만물이 변하는 것을 알면서도, 생로병사의 과정을 겪는 변화에 대하여는 인정하지 않으려는 것을 볼 수 있습니다. 특히 자신의 생로병사에 대해서는 강하게 부정을 합니다.

나만 오래오래 잘 살고 싶다는 심정을 이해할 수 있습니다. 우주가 영원하면 나도 영원하고, 우주가 돌고 돌면 나도 돌고 돌며, 우주 안에 있는 만물이 변하면 그 안에 있는 나도 똑같이 변하는 것입니다.

그러므로 만물의 생로병사는 시작과 끝이 아니라, 시작도 끝도 없이 춘하추동 사시가 순환하는 것과 같이 돌고 도는 변화일 뿐입니다. 천도법문에서도 '변화는 될지언정 생사는 아니니라' 고 하였듯이 생로병사의 변화를 인정하지 않으려는 것이 오히려 이상한 것입니다.

인연 따라서, 온다고 너무 기뻐하지도 말고 간다고 너무 서러워하지도 말며, 오직 생 · 로 · 병 · 사의 경계를 당할 때 마음 공부로 현실을 감사하고 긍정적으로 받아들이면서, 다음에 좋게 잘 받을 업을 지어가는 것이 인과윤회를 알고 현명하게 사는 것입니다.

선악인과의 원리

'우주에 음양 상승(陰陽相勝)하는 도를 따라 인간의 선악 인과보응이 있게 된다.'고 하였습니다.

　선과 악을 이야기할 때 음과 양은 무엇입니까? 따뜻한 인간의 정을 느낄 수 있는 것은 대체로 선이라 할 수 있고, 싸늘한 한기를 느낄 수 있는 것을 대체로 악이라고 할 수 있습니다.

　법문에서 '겨울은 음(陰)이 성할 때이나 음 가운데 양(陽)이 포함되어 있으므로 양이 차차 힘을 얻어 마침내 봄이 되고 여름이 되며, 여름은 양이 성할 때이나 양 가운데 음이 포함되어 있으므로 음이 차차 힘을 얻어 마침내 가을이 되고 겨울이 되는 것과 같다.'고 하였습니다.

　살다보면 내가 좋아하는 일과 싫어하는 일이 있는데, 내가 좋아하는 일 속에 싫어하는 일이 숨겨져 있고, 싫어하는 일 속에 좋아하는 일이 숨겨져 있다는 말씀입니다. 숨겨져 있는 가운데 좋아하고 싫어하는 일이 음양상승의 원리에 따라서 사시가 바뀌듯 숨거나 나타나는 것입니다.

　음양이 바뀌는 핵심은, 당하는 모든 경계를 어떠한 마음으로 받아들이느냐에 따라서 나의 팔자가 달라지는 것입니다. 다시 말하자면, 우리의 눈·귀·코·입·몸·마음의 육근 동작을 어떤 마음으로 하느냐 입니다.

　교도님 집에 가서 식은 밥으로 만든 단술을 맛있게 먹고 있었는데, 그 단술이 3일 전 보았던 아기 똥과 날파리가 까맣게 붙어 있던 밥으로 만든 것이란 말을 듣고는 입맛이 싹 가셨습니다.

　마음의 변화에 따라서 음식 맛이 바뀌듯, 일상에서 항상 하는 육근동작도 마음 가짐에 따라서 선과 악으로 바뀌는 것이므로, 마음을 어떻게 가지느냐에 따라서 자기의 인생이 바뀔 수 있습니다.

우리 인간의 행동으로 인해 나타난 결과를 크게 둘로 나누면 선악인데, 이 선악이 고정된 것이 아니라 계절 바뀌듯 음양상승의 원리따라 끊임없이 변하는 것입니다.

선악은 음식과 같아서 잘 먹으면 몸에 이롭고 잘못 먹으면 몸에 독이 되듯, 우리 몸과 마음을 움직일 때 나와 남이 다 함께 이롭게 하면 선이지만, 불의를 행하여 남을 괴롭혀서라도 나만 이롭고자 하면 악이 되는 것입니다.

살면서 예뻐하고 미워하고, 좋아하고 싫어하고, 좋고 나쁜 인간 관계가 생겨나는데, 그 업보가 고정된 것이 아니라 몸과 마음의 천만 작용이 서로 얽혀 음양상승과 같이 변하게 된다는 것입니다.

여름에는 양이 성할 때이므로 아무리 찬 기운이 나오는 에어컨을 켜도 실외의 더운 열기를 어찌할 수 없는 것과 같이 상대가 양 기운이 왕성하여 복을 받고 있을 때에는 벌을 주기가 쉽지 않습니다.

반대로 겨울에는 음이 성할 때이므로 아무리 더운 기운이 나오는 온풍기를 켜도 영하로 내려가는 밖의 기온은 막을 수 없듯 지어놓은 복이 적으면 벌을 받을 때에 약간의 복은 받을 수 있을지 몰라도 별 효과가 없습니다.

그러므로 고통을 받을 때 자기가 지은 업보는 피할 수 없음을 알아서 원망하거나 억지로 면하려고 하지 말고, 달게 받고 인내하며 포기하지 말고 계속 선업 짓는 일에 힘써야 따뜻한 봄날이 돌아오는 것입니다.

따라서 나에게 계속 좋은 일만 많이 돌아오게 하려면 코 앞의 이해에 현혹되지 말고 솔성요론 13조, 14조에 밝혀주신 바와 같이 정의는 죽기로써 실천하고 불의는 죽기로써 끊어야 악한 업보가 멸도될 수 있습니다.

또한 복을 받을 때도 넘치지 말고 아껴 받으며, 생산적인데 돌려서 복을 좋은 곳에 여기저기 심어 둬야 합니다. 예를 들어 평생 자기 복이 10억원이라 할때 그 10억원을 생산적으로 사용하면 평생 쓰고도 남을 만큼 더 많게 불릴 수도 있지만, 낭비하는 곳에 유흥비로 탕진하거나 도박으로 날리고 보면 평생 거지처럼 살 수도 있는 것입니다.

복을 낭비하면 운명의 추운 겨울이 빨리 돌아옵니다. 대산 종사님께서는 손자나 사촌이나 조카들까지도 복을 감하니까 비싼 유명제품 사주지 말라고 엄하게 당부를 하셨습니다. 이 뜻을 깊이 새겨볼 필요가 있습니다.

진급 강급과 상생 상극의 원리

'인간의 일도 또한 강과 약이 서로 관계하고 선과 악이 짓는 바에 따라 진급 강급과 상생상극의 과보가 있게 된다.' 고 하였습니다.

이 세상은 상대적인 세상이기 때문에 강자 약자가 있고, 선과 악이 있으며, 몸과 마음으로 지은 바에 따라서 진급도 되고 강급도 되며, 서로 좋은 상생도 있고 서로 나쁜 상극의 관계도 있습니다.

정신·육신·물질 간에 내가 강자의 자리에 있을 때 강자의 권한을 행사하게 되는데, 그때에 약자를 도와주면 상생이 되고, 약자를 약탈하고 짓밟으면 상극의 악연이 됩니다. 내가 음양 상승의 도에 따라 약자가 되었을 때 되돌려 받을 때, 지은 바에 따라서 도움을 받을 수도 있고, 아픈 데를 집중적으로 얻어맞아 치명상을 받을 수도 있는 것입니다.

그것도 나는 강급하고 상대가 진급해서 갚아오면 그 과보 받는 충격이 엄청나게 커지고, 반대로 상대가 강급하고 내가 마음 공부로 진급하면 과보 받는 충격이 그만큼 약해집니다. 그러므로 정신·육신·물질 간에 나에게 힘이 있을 때 약자를 도와주고 공중에 복을 지으며, 마음 공부를 열심히 하여 진급의 길로 나가야 하는 것입니다. 그러면 전생에 악업을 지었을지라도 점점 줄여서 받을 수 있으며, 공중에 복을 지으면 여러 사람이 보호하고 도와줘서 악업을 적게 받고, 공중에 지은 복은 자기가 지은 것보다 더 많게 받을 수 있습니다.

내 운명은 내가 관리하자

누구나 복 받으며 건강하고 오래 살기를 원하는데, 그 원하는 것을 얻으려면 긴장이 풀어지지 않도록 지속적인 운동과 정신활동으로 몸과 마음을 복 짓고 공부하기 좋은 최상의 상태가 유지되도록 공부심으로 인과의 원리에 맞게 자기 관리를 해야 합니다.

타고난 운명보다 관리하는 운명이 더 중요하기 때문에 인과공부를 해서 인과의 이치에 맞게 살아야 잘 살 수 있습니다. 잘 살기 위해서는 인과의 원리를 생활 속에서 적극적으로 활용하여 나의 운명을 내가 관리하고 개척해야 합니다. 인과에 대한 공부는 사주팔자와 같은 숙명론에 빠져 팔자 탓을 하라는 공부가 아닙니다.

우리의 몸과 마음으로 움직이는 모든 일상생활이 모두 인과의 이치에 따르는 것이기 때문에, 몸과 마음 관리 부실로 단명한 것은 자기 책임이며, 가난하게 살고 부자로 사는 것도 자기 책임입니다. 따라서 인과를 모르면 아무리 잘 살고 싶어도 잘 살 수 없습니다.

생로병사의 이치가 사시순환 하는 것과 같이 되는 줄을 알아서 편안하게 순응하며 살고, 선악인과 업보가 음양 상승과 같이 되는 줄을 알아서 악업을 받을 때는 달게 받고, 선업을 받을 때는 넘치지 말고 아껴 쓰고 나눠 써야 합니다. 몸과 마음으로 선과 악을 짓는 바에 따라 진급과 강급이 되고 상생상극의 과보가 있는 것을 알아서, 정신·육신·물질이 나에게 있을 때 약자를 도와주고 공중에 복을 심으면서 끊임없는 마음 공부로 항상 진급하는 공부를 해야 합니다. 이러한 인과의 이치를 알고 살아가면,

세세생생 진급하고 복 받으며 잘 살 수 있습니다.

우리 다함께 인과보응의 진리에 대한 공부를 확실하게 하여, 세세생생 선인선과의 마음 공부를 하는 도반으로 지혜와 복을 누리며 함께 잘 살기를 기원합니다.

식물과 동물의 뿌리

대종사 말씀하시기를 「식물들은 뿌리를 땅에 박고 살므로 그 씨나 뿌리가 땅 속에 심어지면 시절의 인연을 따라 싹이 트고 자라나며, 동물들은 하늘에 뿌리를 박고 살므로 마음 한 번 가지고 몸한 번 행동하고 말 한 번 한 것이라도 그 업인(業因)이 허공 법계에 심어져서, 제 각기 선악의 연(緣)을 따라 지은대로 과보가 나타나나니, 어찌 사람을 속이고 하늘을 속이리요.」

대종경 인과품 3장

동물의 왕국이라는 TV프로그램을 즐겨 보는데, 어느 땐가 새끼를 낳는 태생식물 '망그로브' 라는 나무를 보여준 일이 있습니다. 상식을 깨는 자연현상이라서 지금도 충격적인 그 화면이 생생하게 기억에 남아 있습니다.

대부분의 식물들은 자손의 번식을 위해 씨앗이나 포자를 만들어 내거나 대나무처럼 뿌리로 번식하는데, 태생식물은 나무줄기와 잎과 뿌리까지 난 상태로 분리가 됩니다.

대표적 태생식물인 망그로브 나무는 씨앗이 어미나무에서 어느 정도 자란 다음 갯벌로 뛰어 내려 독립해서 살아가는 식물입니다. 식물이 새끼를 낳는다고 하면 이상하게 들리겠지만, 동물이 육근을 갖춘 개체로 어머니 배속에서 세상에 나와 독립적인 삶을 살아가듯이, 새싹과 뿌리를 갖춘 상태에서 모체 나무에서 분리되어 독립하는 것이 동물과 비슷하기 때문에, 이러한 식물을 학문적으로 새끼를 낳는 태생(胎生) 식물이라고 표현하는 것입니다.

수심이 얕은 열대 해안 갯벌에 전형적으로 발달하는 특수한 유형의 망그로브 숲은 썰물일 때는 해면보다 위에 있고, 밀물일 때는 바닷물에 잠기는 곳에 위치해 있어 늘 염분이 있는 바닷물에 노출되어 있습니다. 일반적인 나무들은 염분이 있는 곳에서 살지 못하는데, 이 망그로브 나무는 바닷물에 정기적으로 잠기는 연안에 살면서 세포 안에 염분을 받아들이면서 살아가는 방법을 터득한 진화된 나무입니다.

이 식물은 씨앗이 물위에 떨어지면 뿌리가 내리기 전에 쓸려갈 것을 염려하여 나무에 달린 채로 씨앗에서 새싹이 약 10cm정도 자라고 뿌리도 약 10cm정도 자란 다음에야 모체 나무와 분리되어 진흙 속에 뿌리를 박고 독립을 합니다. 만약 잘못 떨어져 바닷물에 떠내려가더라도 뿌리를 물속에 늘어뜨리고 새싹은 돛이 되어 파도와 바람에 실려 유랑하다가 해변의 어딘가에 흙이 있는 땅을 만나면 뿌리를 내립니다.

이렇게 지능이 발달된 망그로브 나무도 가장 중요한 생존 조건은 땅을 만나는 것이며, 땅을 만나야 뿌리를 박고 살아갈 수 있습니다.

모든 식물이 땅에 뿌리를 내려야 살아가는 것과 마찬가지로 모든 동물은 허공에 뿌리박고 살면서 진리의 영양분을 공급받고 살아갑니다.

식물과 동물의 뿌리

식물의 뿌리

'식물들은 뿌리를 땅에 박고 살므로 그 씨나 뿌리가 땅 속에 심어지면 시절의 인연을 따라 싹이 트고 자란다' 라고 하였습니다.

식물은 땅에 뿌리를 내리고 온도와 영양상태만 좋으면 잘 살기 때문에, 식물이 살 수 있는 땅을 확보하는 것이 생존의 첫째 조건입니다. 식물은 땅에 뿌리내려야 영양을 흡수하며 살 수 있기 때문입니다. 식물의 뿌리는 눈에 보이는 것이기 때문에 누구나 보면 알고, 거름을 주면 효과가 나타나기 때문에 이걸 의심하는 사람은 없습니다.

인류는 이 식물을 심고 길러서 우리 육신의 생명을 유지하고 살아갑니다. 따라서 그 식물을 먹고 사는 모든 동물의 뿌리는 식물인 셈입니다. 우리가 먹고사는 동물성 식품도 대부분 그 먹이를 식물로 하는 동물이기 때문에 우리 몸의 뿌리는 식물입니다.

동물의 뿌리

'동물들은 하늘에 뿌리를 박고 살므로 마음 한 번 가지고 몸 한 번 행동하고 말 한 번 한 것이라도 그 업인(業因)이 허공 법계에 심어져서, 제 각기 선악의 연(緣)을 따라 지은대로 과보가 나타나나니, 어찌 사람을 속이고 하늘을 속이리요.' 라고 하였습니다.

저는 동물의 뿌리라는 말을 대종사님 말씀에서 처음으로 접하게 되었는데, 여러분은 동물의 뿌리라는 말을 들어보셨는지요?

대종사님께서는 어려운 진리를 아주 이해하기 쉽게 식물의 뿌리에 비유해서 설명을 해 주셨습니다.

식물의 길흉화복이 대부분 뿌리를 통해서 이루어지듯, 우리 인간의 길흉화복이 허공에 뿌리박은 마음으로부터 이루지는 것입니다. 마음 한 번 가지고 몸 한 번 행동하고 말 한 번 한 것이라도 그 업인(業因)이 허공 법계에 심어진다고 하였습니다.

요즈음 도시에서 생활하는 사람은 최소한 하루에도 몇 군데 내지 몇 십 군데 감시카메라에 찍혀서 나도 모르는 가운데 감시를 당하고 있습니다. 물론 CCTV는 사생활 침해가 목적이 아니고 범

죄 예방이나 범인을 잡기 위한 것입니다.

그런데 더 무서운 것은 보이지도 않고 우리 육근을 24시간 밀착 감시하는 진리 카메라가 있습니다. 진리의 블랙박스는 세세생생 나와 함께 하면서 나의 몸과 마음이 행하는 모든 것을 감시하고 녹화하고 상벌까지 주재합니다.

그런데 우리 어리석은 보통 사람들은 인과의 진리를 모르기 때문에 감시 카메라는 조심하면서도 무서운 인과의 진리 카메라는 아랑곳하지 않고 자기 양심을 속이고 육근 작용을 남용하여 살아갑니다.

인과보응의 블랙박스는 아무도 피할 수가 없기 때문에, 마음 공부로 올바르게 사는 모습을 녹화해서 벌은 피하고 복만 받자는 것이 인과에 대한 공부입니다.

제 각기 선악의 연(緣)을 따라 지은대로 과보가 나타난다.

자동차 블랙박스에 녹화된 내용을 재생하면 잘한 것, 잘못한 것, 실수한 것까지 적나라하게 나타나는 것과 같이, 이미 진리 카메라로 녹화된 지어놓은 업보는 피할 수 없이 그대로 되돌려 받게 됩니다. 그러므로 이미 지어놓은 업보는 나한테서는 권한이 떠나서 상대방이나 진리에게 권한이 있으므로 면할 수 없습니다. 이것을 "부처님도 정업은 면하지 못한다."고 한 것입니다.

내가 조물주면 상대도 조물주입니다. 권한이 있는 그 상대 조물주가 나에게 업의 차용증을 내밀며 빚 받으러 오면 면할 길이 없는 것입니다. 정신·육신·물질이 풍부하면 그 빚을 이자까지

처서 후하게 갚아버리면 끝나는데, 우리 중생들은 정신·육신·물질이 모두 가난해서 무지한 방법으로 감정만 앞세우기 때문에 고리 빚을 얻어서 빚을 갚습니다. 업보를 달게 받아야 업이 쉬어지는 것인데, 오는 방망이 가는 홍두깨란 말과 같이 자기가 마땅히 빚 지은 것을 갚아야 되는데, 빚 독촉을 받으면 그 원인을 모르니까 감정의 폭탄을 하나를 더 추가해서 더 큰 악업을 짓는 것입니다.

그러므로 악업을 청산하고 선업을 받고 싶거든, 피할 수 없는 악업이라면 공부심으로 달게 받으면서 악업을 그치고 정의로운 선업 짓기에 노력해야 합니다. 더 적극적인 방법은 마음 공부를 열심히 하여 내가 불보살로 진급하면, 재산이 많은 갑부와 같이 업보를 후하게 갚을 능력이 있으므로 악업을 받는 충격이 그만큼 적어지는 것입니다.

사람이나 하늘을 속일 수 없다.

사람을 속이고 하늘을 속인다는 것은 곧 자기 양심 속이는 것을 말합니다. 사실상 양심은 속일 수 없는데, 어리석기 때문에 자기를 합리화시켜 남을 속이고 또는 진리를 속일 수 있다고 착각하는 것입니다. 마치 깜깜한 밤에 유리로 만든 집안에서 전등불을 켜놓고 온갖 추태를 부리면서 남이 보지 않는다고 착각하는 것과 같습니다.

자기 양심을 속일 수 없다면 사람과 진리도 속일 수 없다는 것을 명심해서 진실하게 살아야 합니다. 따라서 속일 수 없는 인과의 진리를 공부하는 것은, 마음 공부로 진리를 깨쳐 무지와 어리석음에서 벗어나 현명하고 지혜롭게 자기가 원하는 것을 인과의 진리에 맞게 얻는 공부입니다.

인과의 이치를 알아 원하는 것과 행하는 것이 일치되게 하면, 시간의 차이는 있지만 크고 작은 소원이 내용에 따라 반드시 이루어집니다.

인과를 알아야 잘 살 수 있다.

식물이 땅에 뿌리를 박고 살듯 우리는 허공 법계에 뿌리를 박고 살아갑니다. 모든 동물과 사람은 허공 법계에 뿌리 박고 불생불멸과 인과보응의 규칙 아래 영양 공급을 받으며 살고 있습니다.

모든 동물과 사람이 진리의 영양분을 공급받고 사는 가장 근본적인 원리가 있는데, 그 원리는 불생불멸과 인과보응의 이치입니다.

불생불멸과 인과보응은 둘이 아닌 양면성을 가진 하나의 진리입니다. 따라서 인과보응이라고 하면 그 말에는 반드시 불생불멸이 포함되어 있습니다.

이 인과의 원리는 지은대로 받는 원리로 단순하면서도 나와 상대의 강약과 진강급과 마음 상태에 따라서 입체 거미줄처럼 복잡하게 얽혀 있습니다.

우리의 몸과 마음으로 움직이는 일상 생활이 모두 인과의 이치에 따르는 것이기 때문에, 인과의 원리를 모르면 아무리 잘 살고 싶어도 잘 살 수가 없습니다. 따라서 진리로 부터 좋은 영양 공급을 받고 행복하게 살려면, 인과보응의 진리에 역행하지 말고 순응하며 정의로운 선업 짓기에 노력해야 합니다.

인과의 진리에 순응하는 방법은, 몸과 마음을 감시하는 인과보응의 진리가 내 안에 주재하여 24시간 감시하고 죄와 복의 과보가 지은대로 나타나게 한다는 것을 명심해서 양심을 속이지 말고 진실되게 살아가는 것입니다. 선악의 인연 따라 지은대로 과보가 나타나는 것을 알아서 정의로운 선업 공덕을 쌓기에 주력하고, 사람이나 하늘을 속일 수 없다는 것을 알아서 작은 이해 관계에 얽매이지 말고 천년 만년 내 앞길을 열어가는 마음 공부로 진실되고 정의롭게 살아가야 합니다.

허공법계에 마음의 뿌리를 박고 사는 우리는, 우주의 세포인 내 마음을 마음 공부로 잘 다스려서 세세생생 지혜와 복이 충만한 우주의 주인으로 살아가는 일입니다.

사람이 주는 상벌과
진리가 주는 상벌

대종사 말씀하시기를 「사람이 주는 상벌은 유심으로 주는지라 아무리 밝다 하여도 틀림이 있으나, 천지에서 주는 상벌은 무심으로 주는지라 진리를 따라 호리도 틀림이 없어서 선악간 지은 대로 역연히 보응을 하되 그 진리가 능소 능대(能小能大)하고 시방에 두루 있나니, 어찌 그를 속일 수 있으며 그 보응을 두려워하지 아니하리요. 그러므로 지각 있는 사람은 사람이 주는 상벌보다 진리가 주는 상벌을 더 크고 중하게 여기나니라.」

대종경 인과품 4장

이순신 장군을 성웅이라고 칭송하는 것은 성현의 인품을 가지고 있는 분이기 때문입니다.

이순신 장군은 임금이 간신들의 말만 듣고 억울하게 감옥에 보냈지만 원망이 없었고, 장군에서 병졸로 강등되어 말에게 먹이를 주는 일을 하면서도 조금도 불평이 없었습니다. 권력에 눈이 먼 간신배들이 권한을 빼앗아 전쟁을 하다가 대패하여 배가 12척밖에 남지 않았는데도, 조금의 원망이나 불평 한마디 없이 나아가 싸워서 23전 23연승이라는 세계 해전 역사에 길이 남는 대기록을 세웠고 미련 없이 목숨까지 바쳤습니다.

이순신 장군은 이처럼 인간의 상벌에 대해 초연했기 때문에 지금도 모두가 그를 성웅이라고 합니다.

저도 교화를 할 때 매년 연말에는 교도님들의 공부와 사업의 공적에 따라 상을 드렸는데, 컴퓨터에 입력한 정보자료를 가지고 최대한 빠뜨리지 않고 공평하게 상을 드리려고는 했지만, 진리와 같이 치우침이 없는 원만한 처사를 다 했다고는 할 수 없습니다.

이번에는 사람이 주는 상벌과 진리가 내리는 상벌이 어떻게 다른지 공부하겠습니다.

사람과 진리가 주는 상벌

사람이 주는 상벌

'사람이 주는 상벌은 유심으로 주는 지라 아무리 밝다 하여도 틀림이 있다.' 고 하였습니다.

원불교신문에 '왜 사람이 주는 상벌은 불확실한가? 그 이유는 인식의 한계 즉 정보의 부족 때문' 이라는 기사가 실렸는데 공감을 할 수 있었습니다.

사람은 몸과 마음으로 배우고 체험한 지식으로 상벌을 판단합니다. 때문에 아무리 많이 알고 있다 해도 자기가 알고 있는 것은 한계가 있으므로 정확한 판단은 불가능합니다.

상은 돈이나 권력의 힘이 작용하는 경우도 있습니다. 때문에 컴퓨터 데이터나 추측이나 소문만으로 상벌을 논하는 것은 정확하다고 할 수 없습니다.

그런데 우리는 현실적으로 눈에 보이는 상벌에 대하여 신경을 쓰거나 욕심을 내기 쉽습니다. 자기가 한 일은 조금도 생각하지 않고 남과 비교해서 받는 상이 적으면 불만이고, 많으면 만족해하며, 경우에 따라서는 분에 넘치게 빚지는 상을 받으려고 하는 욕심을 내기도 합니다.

그러므로 상벌에 너무 연연하지 않는 것이 진리를 아는 공부인의 바른 자세입니다.

진리가 주는 상벌

'천지에서 주는 상벌은 무심으로 주는지라 진리를 따라 호리도
틀림이 없어서 선악간 지은 대로 역연히 보응을 하되 그 진리가
능소능대(能小能大)하고 시방에 두루 있다.' 고 하였습니다.

진리가 예뻐서 상주고 미워서 벌준다고 하면, 예쁘게 보이려
고 노력하여 감면을 받을 수도 있겠지만, 진리는 무심으로 상벌
을 주기 때문에 지은대로 받는 것이 털끝만큼도 착오가 없습니
다.

2006년 3월 12일 노컷뉴스에 호주 서부 퀸슬랜드주 브리스번
에서 열차를 향해 돌을 던지던 8, 9, 10세의 세 소년이 열차에 치
여 숨지는 참변을 당했다는 소식이 실렸습니다.

호주 경찰은 3월 11일 오후 6시 45분경 브리스번 서부 입스위
치 전철 노선의 구드나역과 레드뱅크역 사이에서 8세, 10세의 두
형제와 이들의 사촌인 9세의 소년이 열차에 치여 즉사했다고 밝
혔습니다.

경찰은 사고 발생 20분 전쯤 구드나역으로부터 약 400m 떨어
진 곳에서 아이들이 열차를 향해 돌을 던져 유리창을 깨뜨리려
하고 있다는 신고 전화가 걸려왔었는데, 돌을 던지던 그 아이들
이 철로 위를 걸어가다가 참변을 당한 것으로 보인다고 전했습
니다.

귀여운 아이들이라고 해서 진리가 예쁘게 봐주는 것이 아니라
지은대로 과보를 돌려주는 것입니다. 이 아이들은 상습적으로

많은 사람들이 타고 있는 열차를 향해서 돌팔매질을 하였는데, 승객들의 직접적인 보복은 없었지만 많은 사람들의 노여움을 사서 이같은 과보를 받지 않았나 생각됩니다.

다수를 향해서 저지른 죄업은 천벌이 따르는 것이기 때문에 무섭게 알고 조심해야만 합니다. 바른 수행자는 선신이 보호한다는 말이 있습니다. 저는 지금까지 살아오면서 정당한 일을 하는 사람을 때리고 협박하고 방해하던 사람들이 제 명대로 못 살고 가는 경우를 여러 번 보았습니다. 특히 많은 사람의 앞길을 좋은 방향으로 인도하는 종교나 성직자가 하는 일을 음으로 양으로 방해하는 사람이 있는데, 이러한 행위는 천벌이 따르기 때문에 각별히 조심해야 합니다.

진리는 능소능대(能小能大) 한다.

진리가 클 때는 우주를 다 포함하고도 남고, 진리가 작을 때는 아주 작은 먼지는 물론이고 원자의 핵인 전자 속에도 영향이 미쳐서, 이 우주에 있는 모든 것에 영향력을 행사하지 않는 곳이 없습니다.

때문에 기독교에서는 '전지전능全知全能 무소부재無所不在', 능하지 않는 것이 없고 계시지 않는 곳이 없다고 했으며, 대종사님께서는 '처처불상處處佛像 사사불공事事佛供' 이 세상 곳곳이 부처님이니 일마다 불공을 하라고 하신 것입니다.

그러니까 진리가 주는 상벌은 우주가 아무리 커도 다 영향력을 행사하고, 아무리 작은 속에도 영향력을 다 행사하기 때문에 진리는 크기나 능력에 대해 무제한입니다.

정산종사법어 한울안 한이치에 '어떤 사람이 절대 무신을 주장하며, 자칭 천황이라 하고 천신(天神)을 짐짓 만들어 놓더니, 어느 날 그 천신과 더불어 장기를 두며 이겼다고 좋아하다가 벼락을 맞아 죽었다고 한다. 그러니, 어찌 하늘이 무심하다 하며 신령이 없다고 할 수 있겠는가?' 라고 하신 경계의 말씀이 있습니다. 능히 작고 능히 크게 영향력을 행사하는 법신불 일원상의 진리를 두렵게 알고 살얼음 밟는 것 같이 조심스럽게 살아가야 합니다.

상벌 받는 공부인의 자세

'어찌 그를 속일 수 있으며 그 보응을 두려워 하지 아니하리요. 그러므로 지각 있는 사람은 사람이 주는 상벌보다 진리가 주는 상벌을 더 크고 중하게 여기나니라.' 고 하였습니다.

지각 있는 사람이 되어야 한다.

지각(知覺)이 있다는 말은 알 지자와 깨달을 각자로 진리에 깨달음이 있어서 철이 들었다는 말입니다. 진리를 아는 입장에서 보면 진리를 모르고 죄를 짓는 모습이, 철없는 아이들이 천지 분간 못하고 제멋대로 위험한 행동을 하는 것과 다를 바 없습니다.

경전 공부와 마음 공부를 부지런히 하여 진리적으로 철든 사람이 되어야 진정한 어른입니다. 성리를 모르면 다 어린 아이라고 하였습니다. 진리를 깨쳐서 철든 사람으로 현명하게 살아야 하겠습니다.

사람이 주는 상벌보다 진리가 주는 상벌이 더 크다.
우리 중생들은 남의 이목은 무서워하면서 양심을 속이는 이중적 가치관을 가지고 사는 경우가 많습니다. 그런데 그것은 대단히 어리석은 것입니다. 사람은 혹 속일 수 있다고 하더라도 진리는 절대로 속일 수 없습니다.
앞에서 지각이 있는 사람이 되어야 한다는 것은 진리를 무서워 하고 양심을 속이는 일이 없이 진실되게 살아야 한다는 것입니다.
초보 운전시절에 대전 대덕청소년수련원 주차장에서 주차할 때 경사가 졌다는 사실을 깜박 잊고 수동 브레이크를 채우지 않은 채 차에서 내려 주차할 곳을 잠간 살펴보는 동안에 차가 굴러가서 다른 사람의 차를 들이받은 일이 있었는데 제가 먼저 차 주인을 찾아 25만원을 물어준 일이 있었습니다.
지은대로 받는 인과의 이치를 모르면 양심을 속이고 진리를 속일 수 있다고 착각하고, 죄를 지어 벌 받는 일을 재미삼아 하기 때문에, 인과의 이치를 모르면 나이 관계없이 철 없는 중생이라고 합니다. 그러므로 도가에서는 법으로 상하를 따져야지 나이로 상하를 따지는 것은 어리석은 일입니다.

사람이 주는 벌도 무섭지만 진리가 주는 벌은 더 무섭다.

진리를 무서워 해야 진급하고 복 받는 삶을 살 수 있습니다. 사람이 주는 벌은 무서워 하면서 진리가 주는 상벌은 우습게 생각하고 잘난 체 하며 사는 어리석은 사람이 많습니다.

대종사님께서는 '사람이 주는 상벌은 아무리 밝다 하여도 틀림이 있지만, 천지에서 주는 상벌은 진리를 따라 털끝만큼도 틀림이 없으니 무서운 줄 알라.' 고 하셨습니다.

진리를 피해서 허튼 짓 하고 진리를 피해서 허튼 맘 가질 곳은 이 우주 안에 아무 곳도 없으며, 양심을 속이고 살 곳 또한 어디에도 없습니다. 벌 받고 고통스럽게 사는 것이 취미라면 할 말이 없으나, 고통이 싫고 진리의 보호와 복을 받으며 지혜롭게 살고 싶으면, 양심을 지키면서 마음 공부로 진실 되게 살고 공부해야 하겠습니다.

하나로 통하는 이치

대종사 말씀하시기를 「그 사람이 보지 않고 듣지 않는 곳에서라
도 미워하고 욕하지 말라. 천지는 기운이 서로 통하고 있는지라
그 사람 모르게 미워하고 욕 한 번 한 일이라도 기운은 먼저 통하
여 상극의 씨가 묻히고, 그 사람 모르게 좋게 여기고 칭찬 한 번
한 일이라도 기운은 먼저 통하여 상생의 씨가 묻히었다가, 결국
그 연을 만나면 상생의 씨는 좋은 과(果)를 맺고 상극의 씨는 나쁜
과를 맺나니라. 지렁이와 지네는 서로 상극의 기운을 가진지라
그 껍질을 불에 태워보면 두 기운이 서로 뻗지르고 있다가 한 기
운이 먼저 사라지는 것을 볼 수 있나니, 상극의 기운은 상극의 기
운 그대로 상생의 기운은 상생의 기운 그대로 상응되는 이치를
이것으로도 알 수 있나니라.」

대종경 인과품 5장

제가 서대전역 옆에 살 때 익산으로 7년간 열차를 타고 출퇴근을 했는데, 논산이나 강경으로 출퇴근을 하는 선생님과 교육청 공무원을 매일 만나곤 했습니다.

어느 날 서대전역 하행선 플랫폼에서 열차를 기다리는데, 정년을 앞둔 나이 드신 두 분이 화가 난 일이 있었는지 큰 소리로 대화를 하는 것을 듣게 되었습니다.

당시 도청의 모 국장이 바뀌었는데 모함을 당해서 조기에 다른 곳으로 가게 되었다는 이야기와 함께 도청이나 교육청 고위 공직자들이 자주 바뀌는데 모두 제대로 임기를 채우지 못한다는 내용이었습니다.

두 사람은 말을 주고받으며 사람들이 앞에서는 점잖은 것 같더니 뒤로 남을 음해하는 못된 성격들이 있다고 한탄을 하였습니다.

남을 모함하면 그것으로 끝나는 것이 아니라 자기도 모함 당하는 과보를 받게 되는 것이 인과의 진리입니다. 칭찬하면 또한 그대로 좋은 기운이 통해서 좋은 과보를 되돌려 받게 되는 것도 인과의 이치입니다.

인과품 5장 법문에서 우리는 천지 기운이 하나로 통해 있음을 배우게 됩니다.

천지 기운이 하나로 통하는 이치

요즈음은 과학이 발달되어 텔레비전이나 컴퓨터나 휴대폰으로 뉴스는 물론 영화를 감상하고 그림이나 문자를 주고받는 시대입니다.

과학적으로 통신 기술에 대하여 설명은 하겠지만 통신과학은 없는 원리를 새로 만들어내는 것이 아니라, 일원상 진리의 수많은 원리 가운데 하나로 통하는 원리를 발견하여 그 원리를 응용한 것입니다.

과학은 진리를 합리적으로 응용하는 것이기 때문에, 하나로 통하는 진리 기운이 없다면 통신과학이 있을 수는 없습니다.

하나로 통하는 진리가 있다면, 보지 않고 듣지 않을 때 남을 칭찬하는 것은 적극 권장할 일이고, 보지 않고 듣지 않는다 해서 남을 헐뜯어서는 절대로 안 될 일입니다. 남을 헐뜯으면 서로 나쁜 기운이 통하여 상극의 인연이 되고, 서로 칭찬하면 서로 좋은 기운이 통하여 상생의 인연이 되기 때문입니다.

또한 모함의 악행이 대중의 입줄에 올라 비난 받는 사람은 음해한 과보로 무서운 천벌이 따른다는 것도 알아야 합니다.

상생의 인과를 맺는 공부

묵은 업은 달게 받고 풀어야 한다.

업은 풀어야지 쌓이게 해서는 안 됩니다.

제가 원광대병원 천도장례식장을 처음 시작할 때 일입니다. 회사를 해롭게 하는 종업원을 정리하는 과정에서 저를 죽인다며 목에다 톱을 대고 자르겠다고 협박하는 사람이 있었습니다. 그 사람은 술이 취하면 출상하는 관을 가로막는 등 술주정과 온갖 행패를 다 부렸습니다.

회사에 해로운 그 사람을 공적으로나 사적으로나 살인미수로 정리를 하는 것이 당연한 일이었지만, 해고시킨 뒤에는 그 사람의 마음을 풀어주기 위해 약 5년간을 매년 설과 추석이면 술과 안주 등 선물을 가지고 안부 인사를 다녔습니다. 마지막 5년째 찾아갔을 때는 내 손을 꼭 잡으며 양심에 가책이 되어 더 이상 받을 수 없으니 이제는 절대 찾아오지 말아달라고 통사정하는 것을 보고 마음이 풀어졌음을 알게 되었고 그 후로는 다시 가지 않았습니다.

공과 사를 구분하여 공은 바로 세워야 하며, 묵은 업은 풀어야 합니다. 악업은 쌓이지 않게 하는 것이 인과를 아는 공부인이 할 일입니다.

세상을 살아가면서 공과 사를 구분 못하고, 속 시원하게 이기는 것이 좋은 일이라고 자랑삼아 이야기 하는 사람이 있습니다. 인과의 이치를 모른다면 공중사를 망치기 쉽고, 다음에 받을 불화의 업을 심어놓고 좋아하는 어리석은 사람입니다.

어려운 일이지만 정의를 실천하기 위한 중요한 일이 아니면, 속 시원하게 져주는 일이 묵은 업을 풀어가는 좋은 방법입니다.

새로 짓는 업은 정의 실천으로 선업만 짓는다.

칭찬을 많이 하자

정의 실천 공부로 선업을 짓는 몇 가지를 말씀드리겠습니다.

칭찬은 고래도 춤추게 한다는 말이 있습니다. 우주 기운이 하나이기 때문에 좋은 감정으로 대하는 것은 동물에게도 그대로 전달되어 좋은 느낌을 가질 수 있습니다. 그러므로 나를 위해서 남 칭찬하는 버릇을 길들여 나가야 합니다. 단, 악을 칭찬해서 죄를 짓도록 돕는 것은 동업을 짓는 것이기 때문에 해서는 안 됩니다.

공부심이 없는 사람들은 무료로 자기의 잘못을 지적하는 판사나 검사를 싫어하고, 댓가를 받아내기 위해 잘못을 덮어 주는 변호사는 좋아합니다. 자기가 잘 하고 잘 못한 것에 관계없이 무조건 나를 잘못했다고 비판하는 것을 싫어하고, 무조건 칭찬하는 것은 좋아합니다.

그러한 특성을 생각해서 우열을 가리는 라이벌 관계라도 가능하면 칭찬을 많이 하도록 길들여 가고, 특히 공부심이 없이 감정에 끌려 악업을 짓도록 돕는 칭찬은 유념해서 하지 말아야 하겠습니다. 가능하면 좋은 점을 많이 찾아서 말하도록 노력을 하자는 것입니다.

남 죄짓는데 맞서거나 따라하지 마라

우리가 일상생활에서 가장 명심해야 할 것은 악업이라도 선업으로 풀어가야지 악업을 받을 때 더 큰 악업을 짓고 은혜를 원수로 갚으면 나에게는 갈수록 고통스러운 미래가 기다린다는 것입니다.

주의할 것은 개인의 명예를 위해 공중사를 망치거나, 다른 사람의 공을 가로채거나, 나쁜 일을 남에게 책임을 전가하는 것은 위험한 행위입니다. 이러한 사람은 갈수록 앞길이 막힐 것이고 대중생활에서 왕따나 억울한 일을 많이 당할 것입니다.

저도 사람이기 때문에 누가 나를 모함하거나 비난을 하면 기분이 나쁘지만, 가능하면 악으로 대응하지는 않으려고 노력합니다. 기분이 나쁘기는 하지만 남 죄짓는데 따라서 미워하고 죄짓는 일을 하지 않으려고 최선을 다 하는 것입니다.

내가 그분의 죄를 대신 받는다면 싸우기라도 할 것이지만, 내가 직접 갚지 않으면 진리가 대신 갚아주기 때문에 남 죄 짓는데 맞설 필요도 없고 따라할 것도 없습니다.

내가 직접 나서지 않아도 진리가 벌주는 것을 여러 번 보았기 때문에 저는 그런 일이 있을 때마다 오히려 법신불 사은 전에 그분이 회개하고 좋은 사람이 되어 벌 받지 않기를 기도했습니다.

미물인 지렁이와 지네도 서로 상극의 기운이 뻗지른다고 했는데, 최령한 사람은 그보다 위력이 몇 만 배 더 클 것입니다. 좋은 일 하자고 대종사님 일원 대도를 만나서 마음공부 하는 우리가 나쁜 인연을 만든다는 것은 서로서로 억울한 일이 될 것입니다.

그러므로 하나로 통하는 진리를 믿고 상생으로 마무리 되도록 노력하는 참된 공부인이 되어야 하겠습니다.

충고를 잘 듣자

물론 저도 충고를 들을 때 받아들이기 위해서 노력을 하지 않으면 쉽게 받아들여지지 않을 때도 있습니다.

충고를 감정적으로 받아들이지 말고 마음을 멈추고 나를 위한 충고인지, 나를 비난하는 것인지 구분을 해서 선택적으로 받아들여야 합니다. 충고를 듣고 나서 나를 위한 것인지 나를 해롭게 한 것인지 냉정하게 생각해 보면 누구나 알 수 있습니다. 좋은 약은 맛도 좋다는 변형된 속담도 있는데, 좋은 약이 꼭 맛있는 것만은 아닙니다. 나의 건강을 위해서는 쓴 약이라도 반드시 먹어야 하듯, 나에게 관심을 가지고 잘되라고 충고하는 말은 받아들여야 나의 병든 습관이 고쳐지고 앞길이 열리게 됩니다.

교무는 지도를 해야 하는 입장이기 때문에 공을 위해서나 그 사람을 위해서 때로는 어쩔 수 없이 하기 싫은 충고를 하게 됩니다. 그런 충고에 앙심을 품고 복수의 칼을 가는 사람이 있는데 이런 사람은 천지 기운이 막혀서 도리어 자기가 하는 일마다 꼬이고 막혀서 더 괴로운 일이 생기고 맙니다.

충고를 잘 받아들이는 사람은 불지를 향해서 비행기 타고 가는 것과 같다고 하였으니 나중에라도 충고를 받아들이면 자기 발전이 있습니다. 그러므로 자기 발전을 위해서는 충고를 받아들일 줄 알아야 남을 음해하려는 마음도 없어지고 자기 발전이 있습니다.

미워하지 말고 기도하자

제가 학생 때 공부하는 도반과 학생회 활동 문제로 견해가 달라 다툼이 있었는데, 마음을 풀어보려고 노력하면 노력할수록 오해가 더 쌓여만 갔습니다. 더구나 내가 잘못한 것이 아니라 상대가 잘못한 것인데 어떻게 할 방법이 없었습니다.

서먹서먹한 관계로 날마다 부딪치는 것이 괴로웠습니다. 불공에는 실지불공과 진리불공이 있는데, 실지불공이 먹혀들지 않으므로 저는 진리불공을 시작했습니다. 매일 조석심고는 물론 때때로 그 사람을 위해서 기도를 했더니, 20여 일이 지난 어느 날 나무그늘 벤치에 앉아 지평선 너머로 지는 해를 바라보면서 휴식을 취하고 있는데, 그 사람이 제 옆으로 슬그머니 다가와 사과를 하는 것이었습니다.

미운 마음이 나면 진리 전에 간절한 기도를 합시다. 그러면 미운 마음도 없어지고 좋은 마음, 행복한 마음, 감사한 마음이 생겨납니다.

하늘에 침을 뱉으면 자기 얼굴에 떨어집니다. 보지 않는다고 남을 헐뜯고 욕하는 것은 하늘에 침 뱉는 것처럼 자기를 해치는 일이 되기 때문에, 공부심으로 지혜롭게 좋은 업을 지어 상생의 인연을 만들며 살아가야 하겠습니다.

상생의 인연을 맺어가기 위해서는 칭찬을 많이 하고, 남 죄짓는 일을 따라하지 말아야합니다. 충고를 잘 듣고, 미운 사람이 있으면 기도를 해야 합니다.

이러한 공부심으로 세세생생 좋은 인연과 어울려 살며, 가는 곳마다 지상낙원을 만들어 갑시다.

마음의
중심을 잡고 살자

대종사 말씀하시기를 「천지의 일기도 어느 때에는 명랑하고 어느 때에는 음울한 것과 같이, 사람의 정신 기운도 어느 때에는 상쾌하고 어느 때에는 침울하며, 주위의 경계도 어느 때에는 순하고 어느 때에는 거슬리나니, 이것도 또한 인과의 이치에 따른 자연의 변화라, 이 이치를 아는 사람은 그 변화를 겪을 때에 수양의 마음이 여여하여 천지와 같이 심상하나, 이 이치를 모르는 사람은 그 변화에 마음까지 따라 흔들려서 기쁘고 슬픈 데와 괴롭고 즐거운 데에 매양 중도를 잡지 못하므로 고해가 한이 없나니라.」

대종경 인과품 6장

고려시대에 황진이, 서화담, 지족선사, 이 세 사람을 개성 삼걸
이라 불렀습니다. 삼걸 중에 서화담은 노장사상인 도학에 심취
해 있던 유학자로 한 때는 불교를 무시했는데, 어느 날 걸승의
한마디 말에 충격을 받은 뒤로 생각을 바꿔 불교를 공부를 하게
되었다고 합니다.

  그 시대는 지금처럼 큰 다리가 없었기 때문에 강을 건너려면
배를 타야만 되는데, 어느 날 서화담이 대동강을 배로 건너야 할
일이 생겼습니다. 그 시절 배는 물 흐름이나 바람을 이용하여 노
를 저어가거나 돛을 펼쳐 풍력으로 이동하는 때라 지금의 배로
생각하면 안 될 것입니다.

  그런데 함께 배를 탄 일행 중에는 걸승이 한 사람 있었는데, 배
를 타자마자 등에 지고 다니던 배낭을 내려놓고 베개 삼아 베고
는 이내 잠을 자는 것이었습니다.

  바람이 있는 날이라 강 가운데 이르니 배가 심하게 출렁거려서
승객들이 멀미를 하는 바람에 배안은 아수라장이 되고 말았습니
다. 서화담도 양반 체면을 구기지 않으려고 무진장 애를 쓰며 공
포심을 달래고 있는데 문득 편하게 자는 걸승이 눈에 들어왔습
니다.

  뒤에서 미는 순풍이 아니라 앞에서 부는 역풍 때문에 배는 꽤
오랜 시간이 지나서야 나루터에 닿을 수 있었고 승객들은 그제
서야 안도의 한숨을 쉬게 되었습니다.

  그런데 그 난리 속에도 편안하게 잠을 자고 있던 걸승은 '아~
잘 잤다'고 하며 기지개를 켜고 일어나더니 다시 배낭을 메고 휘

적휘적 갈 길을 나섰습니다.

서화담은 생사를 넘나드는 아수라장 속에서도 어떻게 그렇게 편안하게 잘 수 있는지 신기해 걸승을 쫓아가서 "어떻게 그 난리 속에 잠을 잘 수 있느냐"고 물었습니다.

걸승은 "배를 탄 바가 없는데 공포가 어디 있겠느냐?"고 한마디 하고는 횡하니 가버렸습니다. 아무 일 없었다는 이 말에 충격을 받은 서화담은 그 뒤부터 불교를 무시하지 않고 불교공부를 열심히 했다고 합니다.

우리는 어떻게 하면 서화담이 감탄한 이 걸승처럼 천만 경계에 나의 본래 마음을 잃지 않고 온전한 상태로 마음의 중심을 잡고 살 것인지 인과품 6장 법문을 마음에 대조하는 공부를 해봅시다.

경계와 내 마음

사람들은 경계가 나를 괴롭힌다고 원망하는데 그것은 우리의 착각입니다. 우리는 하나의 경계를 놓고 하기 싫은 때와 하고 싶은 때가 있습니다. 좋아하는 감정과 싫어하는 감정에 따라서 기준이 달라지고 태도가 달라집니다.

마음 공부를 하지 않는 보통 사람들은 경계를 당하면 해야 할 일과 하지 않아야 할 일은 제쳐 두고, 하고 싶은 일과 하기 싫은 일로 취사 선택을 하는 경우가 많이 있습니다. 그러다 보니 하지 말아야 할 행위를 함으로써 고통이 반복되고 재생산되며 이어지는 고통이 한이 없습니다.

　내 마음을 다스리는 주권이 나한테 있는데, 많은 사람들은 누가 내 마음을 좋게 다스려 주기를 바랍니다. 그것은 인과의 이치에도 맞지 않고 충족시킬 수도 없는 욕심일 뿐입니다.

　나의 조물주는 나이기 때문에 내가 저지른 일은 내가 책임져야 합니다. 내 마음을 내가 다스려야지 아무도 내 마음을 다스려줄 수 없고, 내 육근 동작으로 한 일(업)을 아무도 대신해 줄 수 없습니다. 환경의 변화에 따라 내 마음도 변하는 대로 살아가는 것은 마음 공부가 무엇인지 모르는 사람들이나 하는 일입니다.

　경계마다 내 마음을 잘 챙겨야 경계는 경계이고 나는 항상 나입니다. 그렇게 되어야 항상 한가하고 넉넉한 본심을 잃지 않고 마음 공부를 지속하여 행복한 생활을 계속해 나갈 수 있습니다.

경계 따라 하는 공부

　'이 이치를 아는 사람은 그 변화를 겪을 때에 수양의 마음이 여여하여 천지와 같이 심상하나, 이 이치를 모르는 사람은 그 변화에 마음까지 따라 흔들려서 기쁘고 슬픈 데와 괴롭고 즐거운 데에 매양 중도를 잡지 못하므로 고해가 한이 없나니라.' 고 하셨습니다.

　농사 짓기 좋은 땅일수록 잡초가 무성하게 잘 자라듯 우리 마음도 공부가 깊어가고 법력이 쌓이고 큰 공부를 할수록 경계 따라서 잡념이 많이 일어나는 것을 알 수 있습니다.

마음이 살아 있어서 잡념이 일어나는 것이므로 잡념을 탓해서는 안 됩니다. 잡초를 베어다 썩히면 곡식을 기르는 거름이 되듯, 잡념도 마음을 챙겨서 돌리면 정념이 되는 것이며, 잡념과 경계가 마음을 자유하는 힘을 기르는 재료가 되는 것입니다. 다만 잡념인 줄 깨닫지 못하는 것이 문제이며, 잡념도 챙겨서 정념이 되도록 하면 나의 고통이 소멸되고 법력이 쌓여가는 것입니다.

그러므로 환경의 변화에 자연스럽고 넉넉한 마음을 가지려면 경계 속에서 유념해서 마음을 챙기는 마음 공부를 해야만 합니다. 경계는 마음을 챙기는 공부를 할 수 있는 절호의 찬스이기 때문에 경계마다 마음을 챙겨서 공부심으로 자기의 마음을 다스려야 합니다.

우리 교전이 모두 마음 다스리는 공부 방법이지만, 이해를 돕기 위하여 제가 공부한 경험에 바탕해서 세 가지로 말씀드리겠습니다.

들어오는 마음 막고

경계는 마음의 문을 열지 않으면 들어오지 못합니다. 그러나 우리의 마음을 자세히 들여다보면 경계에 문만 열어 놓는 것이 아닙니다. 마음이라고 하는 것은 한시도 경계가 없으면 심심해서 살 수가 없어서 좋아 하는 경계나 싫어하는 경계를 가리지 않고 귀한 손님 맞아 들이듯 좋아서 한 살림, 싫어서 한 살림 차리고 살아가는 것입니다.

어느 교도님이 몇 년이 지난 일을 마음속에 간직하고 부글부글 속을 끓이며 화탕지옥을 만들고 있는 것을 보았습니다. 놓아버리고 마음속에서 쫓아내면 되는데, 유행가 가사처럼 행여 나갈까 봐 철사 줄로 두 손 두 발 꽁꽁 묶어놓고 못 나가게 합니다. 이것이 집착이며 모든 사람들이 호소하는 고통의 원인입니다. 그러므로 경계를 받아들이지만 않으면 괴로울 일도 기뻐할 일도 없습니다.

우리가 해야 할 일과 경계를 끌어들이는 것은 구분을 잘 해야 합니다. 표준을 잘못 잡고 수양에만 치중하며 일체 보은행을 하지 않고 무위도식 하다가는 빚지고 사는 소극적인 삶을 살 수가 있습니다.

대종사님께서는 무시선에서 '일 있으면 정의를 실천하고, 일 없으면 잡념을 제거하라' 고 하셨습니다. 실질적인 마음 공부는 정의 실천과 잡념 제거이므로 일체 생활이 모두 마음 공부의 기회가 되는 것입니다.

나가는 마음 붙잡고

마음을 지키는 것은 앞에서 말씀드린 내용과 같은데, 다른 것은 안에 있는 내 마음이 밖으로 나가지 못하게 하는 것입니다. 대산 종사님께서 수도인은 육근문 개폐를 잘해야 된다고 하셨는데, 이 법문을 제가 직접 여러 번 받들었습니다. 마음 나가는 곳이 눈·귀·코·입·몸·마음인데, 경계만 보면 참지 못하고 이 육근을 통해서 나가려는 마음의 문을 유·무념 대조로 튼튼하게 잘 챙기고 단단하게 막아서 나가지 못하게 지켜야 합니다.

이 막는 공부에 대해 대산 종사께서 수행은 구멍을 때우는 '때울 수'자 수행이라고 설명을 해 주신 바 있습니다. 눈을 통해서 보는데 볼 것 안볼 것 다 보려고 하지 말고, 마음을 챙겨서 꼭 보아야 할 것만 보라는 것입니다. 귀를 통해서도 들어야 할 것 듣지 않아야 할 것 다 들으려고 하지 말고, 마음을 챙겨서 꼭 들어야 할 것만 들으라는 것입니다. 코를 사용할 때도 맡아야 할 것 맡아서는 안 될 것 다 냄새 맡으려 하지 말고, 마음을 챙겨서 꼭 맡아야 할 냄새만 맡으라는 것입니다. 입을 사용할 때도 할 말 안할 말 다 하지 말고 마음을 챙겨서 꼭 해야 할 말만 하자는 것입니다. 몸을 사용할 때도 동해야 할 것과 동하지 않아야 할 것이 있는데, 마음을 챙겨서 꼭 나서야 할 일만 동하라는 것입니다. 생각을 할 때도 해야 할 생각과 하지 말아야 할 생각이 있는데, 마음을 챙겨서 꼭 해야 할 생각만 집중하라는 것입니다.

몰아서 말하자면 보고, 듣고, 냄새 맡고, 말 하고, 움직이고, 생각할 때 반드시 멈추는 검문소를 설치하고 유무념 대조를 하여 필요 없는 일에 동하지 않도록 하라는 것입니다.

들고 나는 마음 자유롭게 길들이고

앞에서 들어오는 경계를 막고 안에서 동하는 마음을 막으라고 말씀드렸는데, 그렇게만 할 수 있어도 삼세의 악업을 물리치고 육도 윤회에서 계속 진급할 수 있습니다.

그러나 그것으로 만족하지 말고 만능을 갖춘 원만한 부처를 이루기 위해서는 성리를 깨쳐 들고 나는 마음을 자유롭게 길들여야 합니다. 마음을 낼 때는 내고, 거두어들일 때는 거두어들이고, 멈출 때는 멈추고, 쉴 때는 쉬고, 숨을 때는 숨고, 나타날 때 나타나는 공부를 해야 대자유의 힘을 갖춘 부처가 될 수 있습니다.

또한 나타나 있는 것에 집착하는 것도 절대 안 될 일이지만, 허황하게 큰 공부를 한다고 진리의 대 자리에만 심취하여 현실을 외면하거나 인과업보나 보은 불공을 무시하는 것은 대종사님 뜻이 아닙니다.

현실 생활에 충실하면서 보은 불공을 잘하기 위해서는 진리의 대 자리와 소 자리를 알아야 하고, 인과의 변하는 유무 자리를 알아야 하는 것이지, 진리의 큰 자리를 아는 것만이 목적은 아닙니다.

대소유무의 이치를 알아서 이치에 맞게 인간의 시비이해를 건설해 나가야, 인과보응의 이치에 맞게 보은 불공을 잘 할 수 있고, 만사에 성공을 할 수 있으며, 행복한 인생을 살아갈 수 있는 것입니다.

우리가 빈 마음을 깨치고, 빈 마음을 키워서, 빈 마음을 잘 쓰고 살면, 천만 경계에 흔들리지 않는 마음의 자유를 얻을 수 있습니다.

대종사님께서 천지 자연이나 인간 만사나 사람의 정신도 어느 때에는 상쾌하고 어느 때에는 침울하다고 하셨습니다. 이것은 인과의 이치에 따른 자연의 변화이기 때문에 내가 어찌할 수 없는 것입니다.

유무념 대조로 마음을 챙기지 않으면 이러한 자연 현상에 따르는 변화의 경계에 휘둘려서 괴롭게 살아갈 수밖에 없습니다. 어찌할 수 없는 경계에 얽매여서 집착하는 것은 마음 공부를 모르는 사람이나 하는 일이지, 진정으로 유·무념 공부와 마음 공부를 하는 사람이라면 어리석은 일은 빨리 알아차려 놓아버려야 합니다.

우리는 만나기 어려운 일원대도를 만났을 때 죽기로써 마음 공부를 해야만 합니다. 대종사님께서 하라고 하신대로, 천지자연과 인간 만사를 겪을 때에 유·무념 공부심을 놓지 않고 오래 오래 공을 쌓아서, 어떠한 경계를 당하더라도 수양의 마음이 여여하여 천지와 같은 큰 도인이 되어봅시다.

업의 분류와
진급 강급

.

대종사 말씀하시기를 「남에게 은의(恩義)로 준 것은 은의로 받게
되고, 악의(惡義)로 빼앗은 것은 악의로 빼앗기되, 상대편의 진 강
급 여하를 따라서 그 보응이 몇 만 배 더할 수도 있고, 몇 만 분으
로 줄어질 수도 있으나, 아주 없게 되지는 아니하며, 또는 혹 상대
자가 직접 보복을 아니 할지라도 자연히 돌아오는 죄 복이 있나
니, 그러므로 남이 지은 죄 복을 제가 대신 받아 올 수도 없고, 제
가 지은 죄 복을 남이 대신 받아갈 수도 없나니라.」

대종경 인과품 7장

서울 충무로에 있는 한 김밥집에 대해 인터넷에 올라온 글입니다.

우연히 충무로 김밥집에서 김밥을 먹다가 이상한 점을 목격했습니다. 이 김밥집 주변엔 기업체 건물들이 많아 매장에서의 판매보다는 배달로 매출을 더 올리고 있었습니다. 그래서 배달하는 아르바이트 학생이 많이 있었습니다.

그런데 김밥집 주인은 아르바이트 학생이 배달을 나갈 때나 갔다 왔을 때 꼭 이렇게 말하는 것이었습니다. "쉬었다 하시게나." "천천히 다녀오시게." "물 좀 먹고 하시게." "조심해서 다녀오시게." 그 주인의 말투엔 정말 기름기가 잘잘 흐를 정도로 정이 넘치고 있었습니다.

나는 속으로 '별난 분이구나' 하고 생각했습니다. 그런데 나중에 알아보니 그 주인은 우리나라에서 김밥 하면 둘째 가라면 서러워할 '김밥의 대가'였습니다. 한 분야에서 최고를 달리는 사람들은 말하는 데도 이렇게 신명이 나고, 상대를 배려해주는 자세를 가지고 있었습니다.

모든 사람에게 공짜로 주어지는 것이 여러 가지가 있습니다. 이 이야기는 그 가운데 시간과 말을 잘 사용해서 그 사람의 인생이 달라지게 된 사례입니다.

시간은 주어진 것이고, 말은 자기의 뜻대로 하는 것입니다. 보통 인사말에도 긍정형·평범형·부정형이 나누어집니다.

첫째, 부정형은 입버릇처럼 "별로예요." "피곤해요." "죽을 지경입니다." "묻지 마세요." "죽겠습니다."라고 합니다.

둘째, 평범형은 "그저 그렇지요." "대충 돌아갑니다." "먹고는 살지요." "늘 똑같죠." "거기서 거깁니다." 라고 합니다.

셋째, 긍정형은 "죽여줍니다." "좋습니다." "대단합니다." "환상적입니다." "끝내줍니다." "아주 잘 돌아갑니다." 라고 합니다.

어떤 사람이 성공하고 진급하겠습니까? 우주의 좋은 기운은 감사 생활하는 긍정형의 사람에게 응해서 좋은 일이 많이 생기게 하는 것입니다.

이와 같이 모두에게 주어진 시간 속에서 몸과 마음을 어떻게 사용하느냐에 따라서 받게 되는 선업과 악업의 분류와 진급하고 강급하는 원리를 인과품 7장에서 함께 공부해 봅시다.

업의 분류와 진급 강급의 관계

나의 선업

'남에게 은의(恩義)로 준 것은 은의로 받게 되고'

은의라는 말은 은혜롭고 의로운 것을 말하는 것인데, 옳은 일 또는 착한 일로 이해하면 되겠습니다. 정신 · 육신 · 물질로 좋게 주면 좋게 받는다는 뜻입니다. 현재 나에게 돌아오는 좋은 일이나 좋은 인연들은 나의 선업으로 받게 되는 결과인 것입니다.

나의 악업

'악의(惡義)로 빼앗은 것은 악의로 빼앗기되'

우리는 살아가면서 정신·육신·물질을 부당하게 빼앗기는 억울한 일을 당하면 참지 못하고 자살까지 하는 경우를 봅니다. 유명한 사람들이 그랬다고 세상이 떠들썩하였으니까 따로 설명 안 드려도 잘 아실 것입니다.

부당하게 빼앗기는 억울한 일을 당하면 참회해야 합니다. 억울한 일을 당하는 것은 다 내가 지은 것이기 때문에 내가 남에게 얼마나 못되게 굴었으면 이런 과보를 받을까? 하고, 참회하고 달게 받아야 합니다.

내가 상대에게 악하게 빼앗았으면 나도 악하게 빼앗기는 것입니다.

내가 진급하면

'내가 진급 하면 그 보응이 몇 만 분으로 줄어질 수도 있으나'

업보를 주고 받는 상대적인 관계에서 내가 진급하고 상대가 강급하면 되돌아오는 업을 작고 약하게 받는 것입니다. 요즈음 아파트에서 금지하는 애완견을 많이 키우는데, 과거에 업을 주고 받는 가까운 상대가 강급하고 내가 진급하여 주인과 애완견으로 만났다면 어떨까요? 주인은 애완견의 생사여탈권을 다 행사할 수 있지만, 애완견은 주인의 처분만 바랄 뿐이고, 혹 전생 악업의 보복이 혹독한 것이라 해도 애교로 대응할 수밖에 없을 것입니다.

내가 강급 하면

'내가 강급하면 그 보응이 몇 만 배 더할 수도 있으나'

과거의 업을 주고받는 상대가 진급하고 내가 강급하면 되돌아오는 업을 크고 강하게 받는 것입니다. 다시 애완견의 예를 들자면, 상대가 진급하고 내가 강급하여 내가 애완견의 입장이 되면 애교작전으로 주인의 비위만 맞추고 처분만 바랄 뿐이고, 또한 모기와 사람의 관계처럼 그 강약관계가 크면 클수록 그 업보를 받는 충격의 차이도 더 커질 것입니다.

죄 복의 업보가 없어질 수 있나?

'아주 없게 되지는 아니하며'

대종사님께서 제자와 함께 등산을 하는데, 그 제자가 아무 생각 없이 솔잎을 계속 뽑아서 버리는 것을 보시고, "하지 마라. 아무 생각 없이 솔잎을 뽑아버린 과보로 언젠가 네 머리카락 뽑힐 때가 있을 것이다."고 하셨답니다.

이 세상 모든 물질은 어떤 용도로든지 쓸모가 있어서 세상에 나왔는데, 솔잎을 뽑는 것이 큰 악은 아니지만 쓸데없이 솔잎을 뽑아서 무용지물로 만든 과보로 나뭇가지 등에 자기 머리카락이 걸려 뽑히는 때가 있다는 말씀입니다.

인과의 업보는 진리가 무심으로 주기 때문에, 원인 제공의 업보를 지으면 아무리 작은 업보라도 없어지는 업보는 없다는 것입니다. 그러므로 무엇이나 꼭 필요한데 써야 되는 것입니다.

죄 복을 상대가 갚지 않으면 진리가 갚는다.

'상대자가 직접 보복을 아니할지라도 자연히 돌아오는 죄복이 있다'

우리는 누구한테 당하면 반드시 갚으려는 복수심을 갖게 되는데, 그럴 필요가 없습니다. 업을 쉬게 하는 것은 내가 갚을 차례에 갚지 않으면 됩니다.

진리는 털끝 만큼도 착오가 없는 것이기 때문에, 행복해 지고 싶고, 진급하고 싶다면 결과는 진리에 맡기고 복수심부터 버려야 합니다.

우리 어리석은 중생들은 감정에 끌려서 기어이 복수해야 직성이 풀리는 어리석은 행동을 하기 때문에, 자기는 잘 한다고 한 일이 나중에 고통이 쉬지 않는 보복의 과보를 받게 됩니다.

정의 실천을 위해서는 업보를 두려워할 것은 없지만, 악업을 방지하려면 감정적으로 보복하려는 마음을 버리고 정의를 실천해야 합니다. 그래야 계속 행복하고, 진급하고, 좋은 인연을 맺어갈 수 있습니다.

죄복은 대신 주고받을 수 없다.

'남이 지은 죄 복을 제가 대신 받아 올 수도 없고, 제가 지은 죄 복을 남이 대신 받아갈 수도 없나니라.'

인간 세상에서는 댓가를 받고 무슨 일을 대신해 주는 직업과 그 일을 하는 사람이 헤아릴 수 없이 엄청 많습니다만, 그렇다고 자기가 지은 업보를 주고받는 것을 대신할 수는 없습니다.

우리의 공부

계속 진급 하는 공부

계속 진급하려면 진리를 알고 실천하는 마음 공부를 해야 하며, 착한 심성과 보시하는 마음이 있어야 합니다. 마음 공부를 하지 않으면 악한 심성에 물들기 쉽고, 나만 생각하는 이기적인 본능에 따라 살기 쉽습니다. 그러므로 마음 공부가 모든 공부의 근본이라고 하였습니다.

또한 실천이 없는 마음 공부는 공리공론에 불과하기 때문에, 현실 생활에서 착한 심성을 기르고, 착한 심성으로 남에게 베푸는 보시가 행동으로 나타나야 복을 받을 수 있습니다. 복을 지은 일이 없고 죄를 지은 일이 없는데, 짓지 않은 복이나 죄를 받는 일은 없는 것입니다.

진급하려면 정신·육신·물질 간에 기회가 주어질 때와 여유 있을 때 미래를 위해서 빚도 달게 받고, 미래를 위해서 복 짓는 저축도 하며, 선행에 노력도 하고, 생전에 미리미리 마음 공부를 해야 합니다.

약자가 진급하는 공부

약자들은 공짜를 좋아해서 더 약자가 되는 일을 많이 하게 됩니다.

인과의 진리는 공짜가 없는 것이므로 약자가 진급하기 위해서는 부지런히 마음 공부와 선업 공덕을 쌓아야 합니다. 약자는 강자를 대항하지 말고 선도자로 삼아서 정신 · 육신 · 물질 간에 부지런히 공덕을 쌓아야 약자가 강자로 진급할 수 있습니다.

강자와 부자를 이유 없이 미워하는 약자들이 많은데, 강자와 부자는 하늘에서 떨어져 강자와 부자가 된 것이 아니라, 어떤 방면으로든지 노력하여 강자가 되었고, 돈을 모았기 때문에 부자가 된 것입니다.

강을 남용한다고 또는 나에게 특혜를 안준다고 강자와 부자를 미워하는 사람은 강자와 부자를 배우려고 하지 않습니다. 그러나 강자와 부자를 미워하지 말고 강자와 부자가 되는 정당한 방법을 배워서 정당하게 노력을 해야만 존경받는 강자와 부자가 될 수 있습니다.

또한 악한 사람을 보고 그 사람 지옥 가는데 나도 생각 없이 따라가는 어리석은 일을 해서는 안 됩니다. 나와 직접 인과관계가 없는데 남을 미워하며 죄업을 지어 고통의 지옥을 따라가는 것은 주인이 장에 간다고 머슴이 두엄을 지고 장에 따라가는 것과 같습니다. 그러므로 남 지옥 가는 일을 따라 하는 어리석은 일은 하지 말아야 합니다.

결론은 현실은 물론이고 삼세 윤회에서 신분과 위치가 바뀌는 상황에서 세세생생 계속 진급하고 복 받으려면, 마음 공부로 정신 · 육신 · 물질 간에 쉬지 않는 공을 쌓아서 진급하는 길이 최선의 방법입니다. 지혜 밝히는 마음 공부를 부지런히 해야 진급하고, 선업 공덕을 많이 쌓아야 진급하게 됩니다.

살면서 혹 억울한 일을 당하더라도 정의 실천을 잊지 말고, 우리 모두 욕심과 격한 감정으로 복수하려는 마음을 버리고, 평상심을 잃지 않는 마음 공부로 정신·육신·물질로 공덕을 쌓아서, 세세생생 계속 진급하고 밝은 지혜와 복을 받으며 살아갑시다.

정업은
부처도 면하지 못한다

조전권(曺專權)이 여쭙기를 "부처님들께서는 다생 겁래에 낮은 과보 받으실 일을 짓지 아니하셨을 것이므로 또한 세세생생에 고통 받으실 일이 없어야 할 것이온데, 과거 부처님께서도 당대에 여러 가지 고난이 없지 않으시었고 대종사께서도 이 회상을 열으신 후로 관변(官邊)의 감시와 대중의 인심 조정에 고통이 적지 않으시오니 저희들로는 그 연유를 모르겠나이다." 대종사 말씀하시기를 「내가 알고는 죄를 짓지 아니하려고 공을 들인지 이미 오래이나, 다생을 통하여 많은 사람들을 교화할 때에 혹 완강한 중생들의 사기 악기가 부지중 억압되었던 연유인가 하노라. 하시고 또 말씀하시기를 정당한 법을 가지고 자비 제도하시는 부처님의 능력으로도 정업(定業)을 상쇄(相殺)하지는 못하고, 아무리 미천한 중생이라도 죄로 복이 상쇄하지는 아니 하나니라. 그러나 능력 있는 불보살들은 여러 생에 받을 과보라도 단생에 줄여서 받을 수는 있으나 아주 없애는 수는 없나니라.」

대종경 인과품 8장

대종경 실시품을 보면 8장에서부터 14장까지 대종사님께서 일제의 탄압을 당하시면서 해 주신 말씀이 기록되어 있습니다. 특히 독립운동가인 도산 안창호 선생이 다녀간 이후 일경의 감시가 심해졌고, 이리경찰서 유치장에 갇혀서 곤욕을 치른 일도 있었습니다.

가슴 아픈 일이지만 일제 말기로 갈수록 불법연구회에 대한 핍박이 심해지고, 그대로 가다가는 불법연구회 존립 자체가 위태로운 지경에 이릅니다. 이 문제를 대종사님께서 이 세상을 떠나시는 것으로 해결을 하고 교단을 구하시는데, 이 일을 생각하면 안타까움을 금할 수가 없습니다.

이러한 상황을 지켜보던 제자 조전권이 의심이 나서 질문을 합니다. "대종사님께서 처사하시는 것을 지켜보면 여래부처님으로 못하실 일이 없고, 또한 세세생생 죄 지으실 일이 없을 것인데, 어째서 좋은 일 하시는 대종사님을 괴롭히는 사람들이 있는지 의심이 됩니다."

오늘은 그 의심을 풀어보는 시간입니다.

정업이 무엇인가?

대종사님께 하신 말씀의 결론은 '부처도 정업은 면하지 못한다' 는 말씀입니다.

우리가 정신·육신·물질로 육근 작용을 통해서 업을 지어 가는데, 내가 행동으로 나타낸 후에는 권한이 상대에게 넘어가서 언젠가 반드시 되돌려 받아야 하는 업을 정업이라고 합니다. 그 래서 상대에게 권한이 넘어간 정업은 면할 수 없다고 한 것입니다. 활시위를 떠난 화살처럼 권한이 상대에게 있기 때문에, 상대가 언젠가는 나에게 갚아올 것이므로, 받는 시기는 업력과 상대와 만나는 상황 따라 유동적이지만, 반드시 보은이나 보복이 정해져 있으므로 정업이라고 하는 것입니다.

만능을 갖춘 부처의 능력으로도 권한이 상대에게 있는 업을 어떻게 할 수는 없습니다. 부처의 능력으로 줄여 받거나 한꺼번에 모아서 받을 수는 있지만 아주 없앨 수 없기 때문에 정업은 면하지 못한다고 한 것입니다.

대종사님 말씀 가운데 '내가 알고는 죄를 짓지 아니하려고 공을 들인지 이미 오래이나, 다생을 통하여 많은 사람들을 교화할 때에 혹 완강한 중생들의 사기 악기가 부지중 억압되었던 연유인가 하노라.' 하신 대목이 있습니다.

제가 영산에서 간사로 근무할 때입니다. 어느 여름날 인부 20여 명을 데리고 논에 잡초를 뽑게 된 일이 있었습니다. 그 당시 제가 간사이긴 했지만 논농사 책임을 맡은 주인으로 인부들을 감독하게 되었는데, 한 사람이 술에 취해서 벼포기를 자꾸 흙속에 묻어버리는 거친 행동을 해서 지적을 하고 하지말라고 요구를 했습니다.

그 사람은 자존심이 상했는지 점심시간에 보자고 하더니, 예고도 없이 기습적으로 주먹질을 하여 예상하지 못한 폭행을 당했습니다. 그 후 그 사람은 그 지역에서 유일하게 돈벌이가 되는 원불교 일에 참여하지 못했고, 다른 일을 하다 삼년 후 40대 젊은 나이로 죽었습니다.

이 사례를 미루어 생각해 보면, 전생에 상대를 의식하지 못한 상태에서 정당한 행동을 한 것이 불손한 생각을 가진 무리에게는 은연중 위협이 될 수도 있었을 것이라는 생각이 듭니다. 어떠한 업이 되었든지 상대방에게 권한이 있는 업보는 강약의 정도는 있을 지라도 면할 수 없습니다.

정업을 잘 받고 면하는 공부

제가 누차 말씀 드린 바와 같이 나에게 돌아오는 업보는 달게 받고 갚지 않는 것이 정업을 면하는 최선의 방법입니다. 대종사님 같은 여래 부처님도 정업은 면하지 못하는 것이니까 우리 중생들이야 말할 것도 없습니다.

내가 지어놓은 업보는 언젠가 받아야 되는데 어떻게 받느냐가 문제입니다. 보복하려는 마음과 이해 관계로 받으면, 받음과 동시에 새로 짓는 업은 더 큰 악업을 지을 수 있기 때문에, 업보를 받기는 받되 현명하게 받아야 악업은 점점 줄여가고 선업은 점점 늘려갈 수 있습니다.

'정당한 법을 가지고 자비 제도하시는 부처님의 능력으로도 정업(定業)을 상쇄(相殺)하지는 못한다.' 는 법문을 세 가지로 정리하여 말씀드리겠습니다.

부처님도 못하는 것을 하려고 하지 마라

우리들의 일상을 살펴보면, 중생들은 안 되는 일을 억지로 하려고 하기 때문에 고통이 그칠 날이 없습니다. 노력하면 고칠 수 있는 자기를 바꿀 고민은 안하고, 남을 내 입맛대로 바꾸려고 집착하고, 상대의 권한을 내 마음대로 하려고 집착하기 때문입니다.

불보살처럼 행복하고 마음 편하게 살려면, 해서는 안 되는 것을 잘 판단해서 빨리 놓아버리고 자기에게 집중하는 것이 현명한 공부입니다.

우리 행동을 자세히 살펴보면 고통의 원인 가운데 약 70%가 자기에게 있다는 것을 알 수 있습니다. 따라서 마음대조로 자기가 해야 할 일과 하지 말아야 할 일만 구분하여 해야 할 일만 하게 되면, 70%의 고통이 줄어들 수 있습니다.

스스로 포기하지 마라

하면 한 만큼 되어지는 것이 인과의 이치입니다. 정의 실천과 선업 짓는데 얼마나 노력했느냐가 중요하므로, 현재 자기의 상대적 부족함이 느껴지면 그때는 좌절이 아니라 촉진제로 삼아야 합니다.

자기 조물주는 자기이므로 노력 없이 누가 나를 위해서 복도 가져다 주고, 특별한 능력을 가져다 주기를 바라는 요행심부터 버려야 합니다.

　우리는 각자가 자기 팔자를 창조하는 조물주이니까 부자가 되려면 부지런히 일해서 돈을 모아야 하고, 성불하기 위해서는 부지런히 수양의 힘, 연구의 힘, 실천의 힘을 쌓아야 됩니다.

　지구라고 하는 거대한 땅덩어리도 나누어보면 작은 먼지가 합해진 것입니다. 작은 것이 모여서 큰 것을 이루는 것이 천리의 원칙입니다. 작은 먼지가 모여서 지구를 이루듯, 마음 한 번 멈추고, 염불 한 번 하고, 잠깐 입정하고, 경전 한 대목 읽고, 계문 하나 지키고, 교당에 반찬 한 번 해 오고, 교당 청소 한 번 하고, 공사에 협력하고, 길에 쓰레기 줍고, 남을 위해 마음 써서 기도해 주고, 상대방 입장을 생각하는 등, 일상생활에서 일어나는 수많은 일들이 복 짓고 성불하는 기회입니다. 이러한 작은 것들이 모여서 큰 인격을 이루는 부처가 되고, 작은 복이 모이고 모여서 큰 복이 되는 것을 알아서 작은 선업들을 부지런히 지어가야 합니다.

　또한 능력이 부족한 사람이나 악인이라도 선행을 한 것이나 지어놓은 복이 없어지거나 변하지 않는다고 하였습니다. 일상 생활에서 작은 것이라도 소홀하게 생각하지 말고, 챙기는 마음 놓지 말고, 옳은 일이면 죽기로써 실천하고, 그른 일이면 죽기로써 안 하는 실천을 지속해야 내가 원하는 행복과 성공이 온다는 것을 알아야 합니다.

각자가 그동안 진리를 몰라서 지금까지 악업을 행하였다 하더라도, 나에게 돌아오는 업보는 어떠한 악업이라도 달게 받고, 옳다고 생각하는 것은 아무리 작은 것이라도 실천을 하고 수행정진을 계속하면, 악도는 점점 멀어지고 선도는 점점 가까워져서 정업(악업)도 점차 면해 갈 수 있습니다.

천업과 정업을 돌파하자

현대인이 신앙처럼 여기는 돈이나 권력으로 할 수 없는 것이 있습니다.

천지의 봄 · 여름 · 가을 · 겨울 사시순환이나, 구름 · 바람 · 비 · 이슬의 풍운우로를 어떻게 할 수 없습니다. 만물의 생노병사나 길흉화복도 어떻게 할 수는 없습니다. 이와 같이 진리(천지)가 하는 일을 천업이라고 합니다.

태고적부터 우리 인간은 불가항력적인 이 천업을 어떻게 해보려고 노력을 해 왔는데, 태풍이 지나갈 때 보았듯이 이것은 안 되는 일입니다. 천업을 극복하려는 인간의 노력에 따라서 과학으로 부분적인 해결은 하고 살지만, 근본적으로는 해결이 불가능한 문제들입니다.

또한 정업도 천업처럼 면할 수 없는 것이기 때문에 피해를 예방하고 줄일 수 있는 가능한 방법을 찾아야 합니다. 그것이 곧 마음 공부입니다. 진리를 깨치고 닦아가는 마음 공부가 불가항력적인 천업과 정업을 극복하고 피해를 줄여가는 방법입니다.

과거나 현재나 미래나 이 문제를 유일하게 해결하신 분들은 대종사님을 비롯한 모든 성자들입니다.

그런데 문제를 해결하려는 방법에서 불보살과 중생이 근본적으로 다른 것은, 우리 중생들은 이치에 맞지 않게 욕심으로 해결하려고 하기 때문에 고통만 가중된다는 것이고, 불보살들은 진리를 알기 때문에 쓸 데 없는 고민을 하지도 않고, 쓸데없는 일을 하지 않는다는 것입니다. 마음 공부를 통해서 포기할 것은 빨리 포기하고 극복할 것은 극복하며, 이룰 수 있는 것은 끝까지 노력해서 이루는 것입니다.

그래서 천도법문에 불보살은 마음의 자유를 얻었으므로, 이 천업을 돌파하고 육도와 사생을 자기 마음대로 수용한다고 하였습니다. 마음 공부를 하여 마음의 자유를 얻으면 불가능한 문제들을 현명하게 수용하며 해결할 수 있게 됩니다.

연어가 알을 낳기 위해서는 강 상류로 거슬러 올라가야 되는데, 올라가는 길에서 제일 힘든 곳은 폭포를 거슬러 올라가는 것이라고 합니다. 폭포처럼 어려운 경계를 극복하고 전진하는 것을 돌파라고 합니다. 그런데 우리 보통 사람들은 일상 생활이나 마음 공부나 어려운 경계를 당하면 포기를 합니다.

하면 되는 인과의 이치가 있기 때문에 부당한 일은 즉시에 그치고, 정당한 일은 끝까지 노력해서 성공을 해야 합니다.

우리는 우주가 운행하는 자연 조건을 극복해야 살아남기 때문에 가장 진리에 맞게 하는 방법으로 극복하는 것을 돌파라고 합니다.

보통 사람들은 좋은 업은 짓지 않고 나쁜 업만 지으면서 자기가 한 일은 생각하지 않고 남을 원망하며 고통 속에 살고 있습니다.

우리는 마음 공부로 대중심을 놓지 말고 현재를 감사하며 편안하게 수용하고, 앞으로 계속 진급하고 행복해질 일을 지어가면서 살아야 합니다. 그러한 능력은 오직 마음 공부로 마음의 자유를 얻어야 가능합니다.

대종사님 같은 여래부처님도 면할 수 없는 업보라면 우리들은 기꺼이 수용해야 합니다. 그것도 원망하면서 받으면 나에게 원망할 일이 몰려오니까, 나에게 돌아오는 선악간 업보를 항상 감사하며 달게 받아들여 수용하자는 것입니다.

꼭 받아야 될 정업(定業)이라도 줄여서 받을 수는 있는 유일한 방법은, 마음 공부를 해서 불보살의 능력을 기르고, 돌아오는 업보를 달게 받으면서, 업을 새로 지어갈 때는 옳지 못한 일과 악업은 그치고 선업을 짓고, 정의만 실천하면 됩니다.

우리 모두 세세생생 복과 지혜가 넘치는 불보살들이 되어 행복하게 살아가야 하겠습니다.

정업을 점진적으로
면하는 길이 있다

한 사람이 여쭙기를 "사람이 만일 지극한 마음으로 수도하오면 정업이라도 가히 면할 수 있겠나이까." 대종사 말씀하시기를 「이미 정한 업은 졸연히 면하기가 어려우나 점진적으로 면해 가는 길이 없지 아니하나니, 공부하는 사람이 능히 육도 사생의 변화되는 이치를 알아서 악한 업은 짓지 아니하고, 날로 선업을 지은즉 악도는 스스로 멀어지고 선도는 점점 가까와 질 것이며, 혹 악한 인연이 있어서 나에게 향하여 옛 빚을 갚는다 하여도 나는 도심으로 상대하여 다시 보복할 생각을 아니한즉 그 업이 자연 쉬어질 것이며, 악과를 받을 때에도 마음 가운데 항상 죄업이 돈공한 자성을 반조하면서 옛 빚을 청산하는 생각으로 모든 업연을

풀어 간다면 그러한 심경에는 천만 죄고가 화로에 눈 녹듯 할 것
이니, 이것은 다 마음으로 그 정업을 소멸시키는 길이요, 또는 수
도를 잘한즉 육도 세계에 항상 향상의 길을 밟게 되나니, 어떠한
악연을 만날지라도 나는 높고 그는 낮으므로 그 받는 것이 적을
것이며, 덕을 공중에 쌓은즉 어느 곳에 당하든지 항상 공중의 옹
호를 받는 지라, 그 악연이 감히 틈을 타서 무난히 침범하지 못할
지니, 이는 위력으로써 그 정업을 경하게 하는 것이니라.」

대종경 인과품 9장

절에서 어린 스님을 사미승이라고 하는데, 어떤 스님이 한 사미(沙彌)를 길러오다가 이 아이가 7일 후에 명(命)이 다 할 것을 알고, 이 생에 마지막을 부모님 밑에서 보내라는 배려로 집에 가서 7일간 쉬었다가 오라고 보냈습니다.

때는 여름 장마철이었는데, 사미가 집에 가는 도중 길가에 개미떼가 흙탕물에 떠내려 가려는 것을 보고, 흙과 나뭇가지로 길을 만들어서 구하여 준 뒤, 다시 길을 재촉해 집에 가서 7일간 잘 놀다가 절로 돌아왔습니다.

스님은 돌아오는 사미를 보고 반갑게 맞이하기는 했지만, 이상한 생각이 들어서 "너 무슨 착한 일 한 것이 있었느냐?" 하고 물으니, 사미(沙彌)가 개미들을 살려준 일을 말하였습니다. 그 말을 들은 스님은 "네가 연명(延命)할 수 있었던 것은 너의 마음이 착해서 개미를 살려준 선행을 한 것이니라."고 하였습니다.

착한 마음을 가진 사미는 물에 떠내려가 죽을 수밖에 없는 개미가 불쌍하게 보였고, 그 자비심은 죽을 수밖에 없는 많은 개미들의 생명을 살려주게 되었으며, 많은 생명을 살려준 공덕으로 운명을 면하고 생명을 연장하게 된 것입니다.

이처럼 정업은 피할 수 없이 달게 받는 것이 기본이지만, 상황에 따라 적극적인 선행을 하다보면 천업이나 정업도 점차 면해가는 길이 있다는 것을 미루어 짐작할 수 있습니다.

정업이란?

내가 몸과 마음으로 선악간에 지은 업은 권한이 상대에게 넘어가는데, 권한이 상대에게 넘어간 업은 시기는 정해지지 않았지만 언젠가는 받기 때문에 정업이라고 하는 것입니다.

정업을 점진적으로 면해가는 길

'공부하는 사람이 능히 육도사생의 변화되는 이치를 알아서 악한 업은 짓지 아니하고, 날로 선업을 지은 즉 악도는 스스로 멀어지고 선도는 점점 가까워질 것'이라고 하였습니다.

부처님도 정업은 일시에 면하는 길은 없다는데, 어리석은 중생들은 안타깝게도 쉽게 면하는 신통방통한 길을 기를 쓰고 찾습니다.

해마다 정초나 견디기 어려운 일을 당하면 점을 보아 신통방통하게 액을 없애고 쉽고 편하게 잘 사는 길이 없나 하고 요행수를 찾는데, 대종사님께서는 '이미 정한 업은 한꺼번에 아주 없애기는 어렵지만, 점진적으로 면해 가는 길이 있다.'고 하셨습니다. 대종사님께서 알려주신 점진적으로 면하는 길도 요행수로 면하는 것이 아니라, 기본적인 원칙은 공부심으로 달게 받고 보복을 하지 않는 것입니다.

다시 강조해 말씀 드리자면 노력 없이 공짜로 되는 것은 하나도 없다는 것을 명심하고, 요행수를 바라지 말고 악업을 달게 받

으며 적극적인 선업을 행하여 점진적으로 면해가는 길을 찾아
가자는 것입니다.

마음공부로 그 정업을 소멸시키는 길(理懺)

도심으로 대한다.

'혹 악한 인연이 있어서 나에게 향하여 옛 빚을 갚는다 하여도
나는 도심으로 상대하여 다시 보복할 생각을 아니한즉 그 업이
자연 쉬어질 것' 이라고 하였습니다.

도심은 성품자리에서 그대로 마음을 내는 것입니다. 또 천심
즉 양심적으로 인간의 도리에 맞게 대하는 것이 도심입니다.

쉽게 이야기 해서 우리 교리 실천이나 계문을 지키는 것이 다
도심으로 대하는 것입니다. 본래 선악이 없는 성리에 바탕한 평
상심으로 대하면서 원불교 교도답게 달게 받고 편안한 마음으로
상대하며 선업을 지어가는 것입니다.

악업을 달게 받으면서 도심으로 상대한다는 것은 저절로 되는
것이 아니라 성리를 알고 성리에 맞게 실천을 해야 쉽게 될 수
있습니다. 마음 공부를 오래오래 하여 성리 실천의 힘이 쌓이면,
어려운 일을 당하더라도 평상심을 잃지 않고 도심으로 상대할
수 있는 것입니다.

자성을 반조한다.

'악과를 받을 때에도 마음 가운데 항상 죄업이 돈공한 자성을

반조하면서 옛 빚을 청산하는 생각으로 모든 업연을 풀어 간다면 그러한 심경에는 천만 죄고가 화로에 눈 녹듯 할 것'이라고 하였습니다.

우리 본래 성품 자리에는 악업도 선업도 보복할 마음도 섭섭한 마음도 없습니다. 참회문에 성품 자리를 알아서 그 자리에 대조하면서 이참, 사참을 하면 천만 죄업이 화로에 눈 녹듯이 없어진다고 하였습니다.

견성을 하여 성리 자리를 활용하면 이치의 참회로 악업을 소멸시키는 능력이 화로에 눈 녹이듯 하는 것이니까 견성은 꾸어서라도 해야 된다고 강조하셨습니다. 꾸어서 견성을 한다는 것은 대종사님 법에 대하여 의심하지 않고 100% 믿으면서 최선을 다해 교리를 실천하는 것입니다.

불공으로 정업을 소멸시키는 길 (事懺)

보복을 하지 않는다.

보복은 더 큰 보복을 불러옵니다. 악업을 쉬는 방법은 달게 받고 보복하지 않으면 됩니다. 당하고는 못살아, 배로 갚아 줄 거야, 하고 악심을 품고 보복 하면, 악업이 눈덩이처럼 커져서 고통에서 헤어날 수 없습니다.

보복하려는 마음은 본래 마음을 잃어버리고 욕심과 아상에 사로잡혀서 일어나는 마음들입니다. 감정적으로 살면 악업에 계속 끌려갈 것인데, 한 마음 돌려 달게 받고 보복하지 않으면 악업은 점점 멀어질 것이며, 나에게 점점 좋은 일이 돌아올 것이니까 이것이 팔자를 뜯어 고치는 일이 되는 것입니다.

옛 빚을 갚는다.

빚쟁이가 빚을 갚는데 이유가 있습니까? 무조건 감사하며 옛 빚을 갚는 것이 현명한 취사입니다. 그런데 보통 사람들은 주고 받는 이치를 모르니까 자기가 진 빚을 갚으면서 새로 당한다고 생각하고 더 크게 갚아줄 생각을 합니다. 은행에서 저리로 빌려서 빚을 갚아도 되는데, 마치 사채 고리대금으로 변제하는 꼴입니다.

우리 성품은 불생불멸 자리에서 보면 선악이 본래 없는 것이므로, 악업을 받는다 해도 해탈한 마음으로 상대하면 어떠한 악업이라도 감사한 마음으로 옛 빚을 청산하는 지혜를 유지할 수 있습니다.

받기만 좋아하고 보은하지 않는 사고방식을 가진 이기적인 사람은, 악업과 빚이 눈덩이처럼 커져 가지나 않은지 심각하게 고민해 보아야 합니다. 마음을 성품 자리에 멈춰서 한 마음 돌려 옛 빚을 갚는다면 천상이 열리고, 한 마음 돌리지 못하고 중생심을 내면 지옥이 열리는 것입니다.

진급으로 업을 소멸시킨다.

'수도를 잘한즉 육도 세계에 항상 향상의 길을 밟게 되나니, 어떠한 악연을 만날지라도 나는 높고 그는 낮으므로 그 받는 것이 적을 것이며, 덕을 공중에 쌓은즉 어느 곳에 당하든지 항상 공중의 옹호를 받는 지라, 그 악연이 감히 틈을 타서 무난히 침범하지 못할지니, 이는 위력으로써 그 정업을 경하게 하는 것이니라.' 하였습니다.

진급으로 악업을 감소시킨다.
진급으로 감소시킨다는 것은 상대의 능력 격차에서 주고 받는 충격이 차이가 나는 것입니다.

어린아이가 엄마 손을 잡고 조그마한 연못에 놀러갔는데, 그 연못에는 개구리 엄마가 새끼를 기르고 있었습니다. 그런데 아이가 연못에서 재미있게 노는 개구리를 향해서 장난삼아 돌멩이를 던졌습니다.

화들짝 놀란 개구리 엄마는 아이 엄마한테 "아이 엄마! 자식을 기르는 같은 엄마 입장에서 부탁인데, 당신 아들이 재미삼아 우리들한테 돌멩이를 던지는데, 우리는 그 돌멩이에 맞으면 목숨을 부지하기가 어려우니까 못하게 말려주시오." 라고 항의를 하였습니다.

그 말을 들은 엄마는 아이에게 "애야, 만일 거인이 나타나서 우리들한테 축구공만한 돌을 던진다면 어떻게 되겠니?" 하고 물으니 아이는 "맞으면 죽어요."라고 대답했습니다. "그렇다. 마찬가지로 너는 재미로 연못에 돌을 던지는데, 개구리는 그 돌멩이를 맞으면 죽는단다. 그러니 던지지 마라." 하고 가르쳤습니다.

아이가 장난으로 던진 돌에 개구리의 생사가 좌우되는 것처럼, 내가 진급하여 상대가 나와 능력에 차이가 나면 주고받는 것도 그 충격이 그만큼 줄어지는 것입니다. 내가 마음 공부를 하여 진급을 계속하면, 혹 모르고 지은 업보가 있다고 하더라도 그 업보를 받을 때 고통이 그만큼 작아지는 것입니다. 그러나 반대로 내가 강급하면 그만큼 고통도 커지게 됩니다. 그러므로 이렇게 공부하기 좋은 법 만났을 때 부지런히 마음 공부로 진급하여 받는 악업의 고통을 점점 줄여 가자는 것입니다.

공중에 옹호로 악업을 소멸시킨다.

제가 대전 현충원에서 현충일 행사를 할 때 모 대통령을 먼발치에서 보게 되었는데, 일반인이 가까이 접근하기 어렵도록 경호하는 것을 보았습니다. 개인적으로 존경하는 대통령이라 가까이 가서 수고하신다고 인사라도 드리고 싶었지만, 그분은 개인이 아니고 나라의 안위를 책임지는 대통령이므로 가까이 가지 못했습니다.

대통령을 지키는 것은 나라의 대표자를 지키는 것이고, 나라의 대표자를 지키는 것은 곧 국가를 지키는 일이 되는 것이기 때문에 철저하게 경호를 해야 합니다.

대통령을 경호하는 일과 같이, 공중사업을 하는 사람이 공중의 보호를 받는 이치도 이와 같다 할 수 있습니다. 특히 세계 사업을 하는 성자나 불보살들이나 그 업에 종사하는 성직자들은 보이지 않는 영계에서 보호해 주기 때문에, 불손한 생각을 가진 사람들이 위해를 가하려고 하면 도리어 그 사람이 벌을 받게 되는 사례가 많습니다.

정업을 점차 면해가는 길은, '이미 정한 업은 졸연히 면하기가 어려우나 점진적으로 면해 가는 길이 있다.'고 하였으니 우리는 거기에 초점을 맞춰서 공부를 해야 되겠습니다.

현실적으로는 돌아오는 업보는 감사한 마음으로 달게 받고, 추호라도 보복할 마음을 내서는 안 됩니다. 또한 현실적인 안심입명을 얻기 위해서나 육도윤회에 항상 진급하기 위해서는 대종사님 일원 대도로 부지런히 마음 공부하는 것을 잊어서는 안 됩니다. 그래야 정업을 점진적으로 면해 가면서 계속 짓는 선업으로 세세생생 진급하면서 행복한 삶을 살아갈 수 있습니다.

이러한 법 만났을 때 마음공부로 삼세의 묵은 업장을 녹여가며 진급하여 행복하게 살아갑시다.

업을 쉬려면
갚을 차례에 참아라

한 제자 어떤 사람에게 봉변을 당하고 분을 이기지 못하거늘, 대종사 말씀하시기를 「네가 갚을 차례에 참아 버리라. 그러하면, 그 업이 쉬어지려니와 네가 지금 갚고 보면 저 사람이 다시 갚을 것이요, 이와 같이 서로 갚기를 쉬지 아니하면 그 상극의 업이 끊일 날이 없으리라.」

대종경 인과품 10장

미국의 유명한 곡예 비행사로 공중쇼 경험이 많은 밥 후버는 샌디에고에서 공중 쇼를 마치고 로스엔젤레스의 비행장으로 돌아가고 있었습니다.

그런데 3백피트 상공을 유유히 날고 있을 때, 갑자기 양쪽 엔진이 작동되지 않고 멈춰 버렸습니다. 순간 오랜 비행 경험을 갖고 있는 후버도 당황했습니다.

그 비행기에는 자신 외에도 두 명의 동료가 타고 있었습니다. '후버, 넌 잘 할 수 있어. 당황하지 말고 침착하게 착륙을 하는 거야.' 스스로 마음을 다져 먹은 후버는 곧 침착함을 되찾을 수 있었습니다.

후버는 능숙한 솜씨로 비상 착륙을 시도했습니다. 다행히 한 사람의 부상자도 없었지만, 비행기는 무참히 부서지고 말았습니다.

비상 착륙을 한 뒤 비행기가 작동하지 않은 원인을 찾던 후버는 연료 탱크에 휘발유 대신 엉뚱하게 제트기 연료가 들어 있는 것을 발견했습니다.

이 소식이 비행장에 전해지자, 문제의 비행기를 정비한 젊은 비행사는 몹시 괴로워했습니다. 자신의 실수 때문에 엄청나게 비싼 비행기가 부서졌고, 하마터면 세 사람의 귀중한 생명을 잃을 뻔했기 때문입니다.

얼마 후 후버가 정비사를 만나기 위해 비행장으로 왔습니다. 모두들 숨을 죽이며 정비사의 실수에 대해 심한 질책이 있을 거라고 생각하고 두 사람의 만남을 숨을 죽이며 지켜봤습니다.

후버가 딱딱하게 굳은 얼굴로 몹시 긴장한 젊은 정비사를 바라보며 말했습니다. "내일 내가 조정할 F-51 비행기는 자네가 책임지고 정비해 주게나!" 예상 밖의 말은 정비사의 주변에 있던 많은 사람들을 어리둥절하게 했습니다.

후버는 더 이상 아무 말도 하지 않고 비행장을 빠져나갔습니다. 후버는 한번 실수한 사람은 다시는 실수를 반복하지 않는다고 생각하고 정비사의 실수를 너그럽게 덮어 준 것입니다.

훗날 이 젊은 정비사는 한 번의 실수를 교훈삼아 자신이 정비하는 모든 비행기에서 사소한 실수도 발견되지 않을 정도로 100%의 완벽을 자랑하는 유능한 정비사가 되었습니다.

이 이야기는 제가 들을 때나 전해 줄 때나 즐거운 이야기입니다. 모든 사람들이 마음 공부로 밥 후버처럼 상생의 인과 관계를 만들어가는 훈훈한 세상이 되었으면 좋겠습니다.

인과품 10장 법문으로 상극의 악업을 그치고 상생의 인간 관계를 열어가는 공부를 함께 합시다.

악업을 갚을 차례에 참으면 그 업이 쉬게 된다.

악업을 갚아 줄 권한이 내게 돌아와서 보복할 차례가 되어도 보복하지 않으면 악업이 쉬게 된다는 말씀입니다.

우리는 누구나 악업 받기를 싫어합니다. 그런데 보통 사람들은 그 싫어하는 악업이 돌아오지 않게 하는 방법은 알아보려고 하지도 않고, 혹 알아도 실천을 하지 않습니다.

악업은 그쳐야 하므로 보복하지 않고 상생으로 돌려야 합니다. 선업도 내가 받은 선업은 빚이니까 갚아야 악업으로 갈 것을 예방하고, 선업을 더 적극적으로 지어서 복이 쌓이게 해야 합니다.

서로 악업 갚기를 쉬지 않으면 상극의 업이 계속 된다.

악업 갚기를 쉬지 않으면 나에게 고통 받을 일이 계속 된다는 말씀입니다. 가는 방망이 오는 홍두깨라는 속담과 같이 복수의 반복은 상극의 악업이 쉬지 않고 돌아와서 갈수록 더 큰 고통을 가져다 줄 것입니다.

당하는 악한 업보는 쉬어야 한다.

현재 내가 받는 복이나 내가 당하는 악한 업보는 하나님이나 부처님이나 귀신이 주는 것으로 알고 있는 사람이 많이 있으나, 내가 받는 죄벌이나 복은 내가 전생과 현생에 눈·귀·코·입·몸·마음이 지은대로 인과의 이치에 따라 되돌려 받는 것입니다.

인과의 이치 따라서 내가 지은 그대로 되돌려 받는 것이 시기는 다르지만, 내가 선업을 지었으면 반드시 선업으로 되돌려 받고, 악업을 지었으면 반드시 악업으로 되돌려 받는 것입니다.

내가 지은 업보를 피한다고 해서 피해지는 것이 아니기 때문에, 내가 지은 업보를 요행수로 피하려고 하는 것은 어리석은 일입니다. 부처님도 정업은 면하지 못한다고 하였으니 돌아오는 악업은 달게 받고 보복하지 않아야 악업을 그치게 할 수 있습니다.

당한 봉변을 되갚지 마라

복수와 복수가 반복되는 것은 나한테는 잘못이 없고 모두 상대가 잘못한 것이라고 생각하고 원망하기 때문입니다.

무지한 중생들은 공과 사의 구분하지 못하고, 정의 불의를 무시하고 오직 개인의 욕심이나 감정만 앞세우는 이기심으로 모든 것을 받아들이기 때문에, 좋은 것은 모두 내 것이고, 나쁜 것은 모두 네 것이며, 잘 한 것은 모두 내가 잘 한 것이며, 잘못한 일은 모두 다 네가 잘못한 것이라고 생각하고 취사하기 때문에 세상이 혼란스럽고 싸움이 그칠 날이 없습니다.

개인적으로 악업을 받을 때 악업을 풀어가기 위해서는 어떠한 경계를 당하더라도 원인을 나에게 돌리고 나에게서 찾아야 악업을 풀어갈 수 있습니다.

우리는 전생의 업보를 들여다 볼 지혜가 없기 때문에, 남을 원망하고 세상을 원망하고 진리를 원망하고 악행을 하게 되는 것인데, 그러면 그럴수록 악업이 자꾸 꼬이고 악업이 쌓여서 고통이 그칠 날이 없고, 육도 윤회에 강급하여 한 없는 고통을 불러오게 됩니다. 그러므로 악업은 선업으로 돌려야지 악업을 악업으로 갚으면 안 됩니다.

갚을 차례에 참아버려라

'네가 갚을 차례에 참아 버려라. 그러하면 그 업이 쉬어지려니와 네가 지금 갚고 보면 저 사람이 다시 갚을 것이요, 이와 같이 서로 갚기를 쉬지 아니하면 그 상극의 업이 끊일 날이 없으리라.' 고 하셨습니다.

비행사 후버처럼 관대한 처사를 해야 악업에 얽혀들지 않을 수 있는 것입니다. 후버의 공부심 있는 취사로 각성한 정비사는 제일 가는 정비사가 될 수 있었습니다. 만일 후버가 혹독한 보복을 했다면 훌륭한 정비사도 나오지 못했을 뿐만 아니라 후버와 정비사는 서로 악업에 얽혀 고통이 반복되었을 것입니다.

그러므로 상극의 악업을 그치기 위해서는 권한이 나에게 돌아왔을 때 참자는 것입니다.

군대에서 '서로 뺨 때리기' 얼차려를 받아보신 분은 제 경험을 공감하실 것입니다.

두 사람씩 마주 세워놓고 뺨 때리기를 시키는데, 처음에는 서로 살짝 때리지만 횟수가 반복 될수록 상대의 뺨을 조금씩 세게 때리게 되고, 나중에는 얼차려와 상관없이 서로의 감정이 격해져 강도를 더하게 됩니다.

이와 같이 사소한 오해나 감정, 한 생각을 멈추지 못하고 상대방에게 보복을 서로 반복하면 악업이 눈덩이처럼 점점 커져서 상극의 악연이 그치지 않습니다. 그러므로 멈추는 유무념 대조

공부로 권한이 나에게 있을 때 과감하게 악업을 참는 용기 있는 공부인이 되어야 합니다.

육도 윤회에서 진급해야 한다.

육도 윤회의 세계에서 특히 삼악도라고 하는 지옥·아귀·축생의 세계에 떨어지면, 지은 업에 대한 과보를 받기만 할 뿐, 스스로는 업의 고리를 풀 수가 없습니다.

육도 윤회에서 사람의 몸이 소중한 것은, 마음 공부로 진급할 수도 있고, 마음 공부로 성불을 할 수 있으며, 악업을 받을 때 선업으로 돌릴 수 있고, 악업을 받을 때 갚지 않고 그칠 수도 있기 때문입니다. 사람의 몸을 받았을 때 스스로의 의지로 맺힌 업을 풀어갈 수 있으며, 마음 공부로 높은 곳을 향해 진급하여 나아갈 수 있기 때문입니다.

태평양 넓은 바다에 눈이 멀어서 앞이 안 보이는 거북이가 살고 있는데, 살기 위해서는 정기적으로 물 위로 고개를 내밀어서 숨을 쉬어야 생명을 유지할 수 있다고 합니다.

육도 중에 온전한 사람 몸으로 태어나기도 어렵고, 또한 온전한 몸으로 태어났다 해도 정법을 만나기가 어려운데, 이것이 얼마나 어려우냐 하면, 태평양 바다 가운데 눈 먼 거북이가 숨 쉬기 위해 올라왔을 때 편안히 쉴 수 있는 널판지를 만나는 것과 같다고 합니다.

그런데 우리는 사람 몸을 받았고, 70억 인구 중에 원불교를 아는 이가 극히 적은데 이렇게 만났습니다. 이러한 행운을 만났을 때 한 눈 팔지 말고 마음 공부를 잘해서 전생에 육도세계를 윤회하면서 모르고 지은 악업이 있다면 이생에 풀어버리고, 계속 진급하여 사람 몸 받아 원하는 행복한 인생을 계속해서 잘 살아보자는 것입니다.

대종사님께서는 봉변을 당하고 분을 이기지 못해서 복수의 칼날을 세우는 제자의 행동을 경계하셨습니다. 업을 쉬게 하는 만고에 변함없는 명언 "내가 갚을 차례에 참으면 그 업이 쉰다."를 실천하여 나에게 악업이 쌓이지 않게 해야 겠습니다.

세세생생 계속 진급하고 계속 사람 몸 받으려면, 대종사님 일원 대도로 마음 공부를 계속 해야 합니다. 알거나 모르고 지은 악업을 소멸하기 위하여 공부심 잘 챙겨서, 악업은 달게 받고 보복하지 않으며, 악업은 나에게 권한이 있을 때 그치고 새로 짓는 업은 선업만 지어서, 세세생생 선업으로 복 받으며 잘 살아봅시다.

인연을 끊으려면
無心으로 대하라

한 교도가 부부간에 불화하여 내생에는 또 다시 인연 있는 사이가 되지 아니하리라 하며 늘 그 남편을 미워하거늘, 대종사 말씀하시기를 「그 남편과 다시 인연을 맺지 아니하려면 미워하는 마음도 사랑하는 마음도 다 두지 말고 오직 무심으로 대하라.」

대종경 인과품 11장

내 주위에 어떠한 인연들이 있었으면 좋겠습니까? 원기 94년
에 미국서부교구 버클리교당 조태형 교무가 원불교 교역자 사이
트에 올린 글인데, 내 주위에 있는 사람들에게 좋은 인연이 되려
면 어떤 불공을 해야 되는 것인지 참고할만 해서 소개합니다.

회화시간에 한 교도님이 이런 말을 하였습니다.
"전에는 남편이 자꾸 잔소리해서 그럴 때마다 짜증이 나고 화
가 났는데, 요즘은 마음 공부를 해서인지 그럴 때마다 마음을 챙
기고 보니 전과는 달리 편안합니다."
"아~ 그러세요? 참 잘되었습니다. 그렇게 공부하는 재미가 있
으시다니 다행이군요. 그런데, 요즘도 남편께서 잔소리를 많이
하시나요?"
"네-. 그 사람은 조금도 변하지 않았어요. 그 이도 마음 공부를
좀 해야 하는데…"
"그렇군요. 그런데 무슨 일로 그렇게 잔소리를 하시나요?"
" 뭐, 이래저래 살면서 생기는 사소한 일들이죠."
"네-. 그래요. 그런데 혹시 그 사소한 일들을 한 번 마음을 챙겨
서 안 해 보시면 어떨까요? 어차피 똑같은 노력, 똑같은 시간이
드는 마음 공부인데, 마음만 챙겨보면 더 좋지 않을까요?"
그 교도님은 좀 받아들이기 어려운 표정이었는데, 그 다음 주
회화시간에 이런 말을 하였습니다.
"교무님 이번 주에는 남편이 잔소리를 한 번도 하지 않았어요.
지난 주에 교무님 그 말씀을 듣고는 남편이 잔소리를 하는 원인

이 나 때문이라는 것이 받아들여지지 않았는데, 한 번 마음을 챙겨서 해보자는 생각에 유념했더니, 정말 남편이 달라지더라구요."

"자칫하면 우리가 공부한다는 생각에 속기가 쉽습니다. 실제로는 내가 계속 잔소리 할 일을 만들면서 원인 제공자가 자기라는 것을 알지 못하고, 내가 만든 요란함을 다시 돌리느라 바쁘면서 공부를 잘하고 있다고 생각할 수도 있다는 것이지요."

교도님들이 원불교가 좋아 교당에 열심히 다니며 스스로 내가 공부를 잘 한다고 자부하더라도, 그 마음 공부가 가까운 인연에게 은혜가 나타나지 않는다면 좀더 주의 깊게 자기를 되돌아 볼 필요가 있습니다.

대종사님 말씀대로 내가 살아가면서 현재 만나는 인연 관계를 계속해야할 지, 아니면 끊어야할 지는 각자가 판단하겠지만, 인과의 기본 공식은 미워하면 악연으로 만나고, 좋아하면 선연으로 만나는 것입니다.

현재 만나는 인연의 상대 마음도 경계 따라 변하고, 내 마음도 경계 따라 변하기 때문에, 현재 악연이라도 법으로 만나면 좋은 인연으로 변할 수 있고, 현재 좋은 인연이라도 법이 없으면 악연으로 변할 수 있는 것입니다.

우리의 과제는 그러한 인연 가운데 함께 살기 싫은 인연을 어떻게 무심으로 대하여 인연을 끊을 수 있을까? 하는 것입니다.

선악 인연과 공부

보은을 해야 좋은 인연과 행복할 수 있다.

불교의 근본 가르침 가운데 고집멸도라는 사성제가 있습니다.

고는 현재 고통을 말하며, 집은 집착으로, 고통의 원인은 집착입니다. 멸은 고통을 멸하는 열반의 길을 말하며, 도는 팔정도로 팔정도는 고통을 멸하는 열반의 길입니다.

팔정도(八正道)는 정견(正見), 정사유(正思惟), 정어(正語), 정업(正業), 정명(正命), 정정진(正精進), 정념(正念), 정정(正定)입니다. 그런데 고통의 원인을 집착 때문이라고 보면 집착심만 없애면 되니까, 집착이 생기는 경계를 피하는 정정만 익히는 소승적 수행에 빠질 우려가 있습니다.

정정을 익히는 좌선을 통하여 한 마음 접어버리면 경계가 없는 세계이니까, 남들이야 어찌 되었건 세상을 등지고 자기 마음의 집착만을 없애는 염불·좌선만 집착할 수 있습니다. 고통만 없애는 공부는 세상이나 남을 생각하지 않고 내 마음만 편하면 된다는 이기적인 공부가 될 수 있다는 것입니다.

원불교 은혜 사상은 우리 모두가 없어서는 살 수 없는 사은의 큰 은혜 입은 것을 알고, 그 은혜를 갚아야 되는 보은 정신이 기본입니다. 특히 미워하며 원수야 악수야 하는 부부 인연도 없어서는 살 수 없는 동포 가운데 하나의 인연입니다.

원불교 신앙과 수행은 우주만물이 함께 공유하는 사은 공동체 행복이기 때문에, 은혜를 알아야 감사할 줄 알고 감사할 줄 알아야 행복할 수 있습니다. 보은 불공을 해야 계속 감사하며 행복할 수 있고, 보은 불공을 잘하기 위해서는 삼학수행으로 삼대력을 얻어야 합니다.

아무리 수행 독공을 하여 열반의 경지에 들어 마음의 평화를 얻었다 하더라도, 실제 생활에 은혜를 생산하는 보은을 하지 않으면 독선적이고 이기적인 빚쟁이가 되기 때문에, 나 혼자 편안한 것 만으로는 마음 공부를 잘 하고 있다고 볼 수 없습니다.

선연을 이어가는 공부

인연이라고 하면 가장 먼저 떠올릴 수 있는 것이 나에게 영향을 가장 많이 미치는 부부와 가족입니다. 서가모니 부처님은 가족의 인연은 팔천 겁의 인연이라고 하였습니다.

흔히 딸은 아버지 인연이고, 아들은 어머니 인연이라고 합니다. 부모 자녀간에 애틋한 감정을 잊을 수 없어 그 인연에 대한 착심은 다음 생에 아버지한테 시집가고 어머니한테 장가가는 일이 반복되는 인연 관계가 가족 관계이기 때문에, 가족은 상생의 연인과 상극의 연적이 될 수도 있는 관계로, 가족은 이중 삼중으로 얽혀있는 인연입니다.

만남이라는 가족의 형태는 비슷하지만, 이 가족이 좋은 감정으로 보은하고 은혜 받으러 만나면 선연이고, 나쁜 감정으로 빚 갚고 빚 받으러 만났으면 악연이 되는 것입니다.

유머 책에 이런 글이 있습니다.

지옥과 극락의 목욕탕이 서로 이웃해 있었는데, 남탕이나 여탕이나 지옥탕과 극락탕이 욕탕 구조도 똑 같고, 욕탕의 크기도 똑 같고, 세면장이나 샤워시설까지 똑 같았습니다. 그리고 욕탕 안에 들어있는 사람 숫자도 똑 같았습니다. 어느 쪽이나 초만원이었습니다.

그런데 지옥탕은 비명이 끊이지 않았습니다. 이쪽 저쪽에서 비좁다, 발을 밟혔다, 옥신각신 난리를 피우며, 끝내는 삿대질과 입씨름이 끊이지 않고 손찌검도 있었습니다. 그러나 극락탕 쪽은 전혀 달랐습니다. 모두가 서로 평화롭게 목욕을 하고 있었습니다.

극락탕 쪽이 지옥탕 보다 넓은 것도 아니요, 사람 숫자가 적은 것도 아니며, 시설이 다른 것도 아닌데 왜 일까요? 극락탕 사람들은 남을 배려하는 마음으로 탕을 가운데 두고 전부 큰 원을 그리며 서로가 서로의 등을 밀어주고 있었기 때문입니다. 극락탕 사람들이 지옥탕 사람들보다 남을 위하는 마음이 다른 것 뿐인데 모두 행복했습니다.

우리가 찾는 극락이 따로 있는 것이 아니라, 은혜를 발견하고 감사한 마음으로 보은할 줄 알면 자기가 사는 곳이 바로 극락입니다. 지옥도 극락도 사바도 정토도 같은 곳입니다. 대종사님께서 세상 모든 것이 마음의 조화라고 하셨듯이, 다른 것이 있다면 그곳에 살고 있는 사람들의 마음가짐이 다른 것입니다.

이와 같이 나에게 잘해 주는 선연도 나의 몸과 마음의 상태에 따라서 달라질 수 있는 것이지, 따로 고정되어 있는 선연은 없습니다. 그러므로 현재 나에게 잘해 주는 선한 인연이 있다 하여도, 이기적인 욕심으로 사랑과 은혜를 받기만 하지 말고, 나도 공부심으로 보은을 해야 그 선연이 오래 갈 수 있습니다.

악연을 선연으로 돌리는 공부

법문에 '한 교도가 부부간에 불화하여 내생에는 또 다시 인연 있는 사이가 되지 아니하리라 하며 늘 그 남편을 미워한다.'고 하였는데, 미워하면 만나지 않을까요? 미워했으니까 그것이 원인이 되어 악연으로 다시 만나는 것입니다. 미운사람 안 만나면 좋겠지만 안 만날 수가 없습니다.

미워하는 마음이 나오는 원인이 어디에 있습니까? 나만 위해 주길 바라는 이기심과 원망심 때문입니다. 나만 위해 주라는 이기심과 원망심을 가지면 나에게 아무리 좋은 인연이 있다고 해도 악연으로 바뀌지기 쉽습니다.

나만 위해 주라는 이기심과 원망심은 우주에 있는 이기적인 기운과 원망의 기운이 나에게 몰려와서 나를 괴롭히는 악연이 모이게 되는 것이므로, 이기심과 원망심은 나를 망치는 최대의 적입니다.

전생의 업보로 빚을 갚아야 되는 악연이라면 달게 받으며, 한을 쌓지 말고 무심을 기르거나 상생으로 돌려야 합니다. 악연이라고 판단되면 빚을 갚는다는 정신을 가지고 달게 받고, 정말로

하기 어려운 일이지만 내가 새로 짓는 업은 상대를 위해주면서 살아야 악연도 선연으로 돌릴 수 있습니다.

인연과 무심할 수 있는 공부

대종경 인과품 제11장에 '그 남편과 다시 인연을 맺지 아니하려면 미워하는 마음도 사랑하는 마음도 다 두지 말고 오직 무심으로 대하라.' 고 하셨습니다.

부부나 가족을 무심으로 대할 수 있는 분이 있나요? 미워하는 마음도 사랑하는 마음도 다 두지 말고 오직 무심으로 대하려면 마음 공부를 오래오래 하여 내 마음을 자유할 힘이 많이 쌓여야 가능합니다.

함께 살기 싫어 정리하고 싶은 인연이 있다면, 미운 사람도 미워하지 않고 볼 수 있는 마음의 자유를 얻는 공부부터 해야 합니다. 마음 공부를 많이 해서 마음을 자유할 능력이 있으면 좋은 인연을 만들거나 싫은 인연 정리하는 것을 마음대로 할 수 있습니다.

보통 사람들은 미워하는 악연이나 좋아하는 집착 인연이나 둘 중에 하나이기 때문에, 인연을 무심으로 정리하기가 어렵습니다. 만일 인연 정리를 하고 싶다면, 마음의 자유를 얻는데 공을 들이는 것이 먼저 해야 할 공부 순서입니다.

그러나 최소한 해탈 도인의 능력 이상은 갖춰야 인연을 정리할 수 있는 능력이 있습니다. 그 이하 도인은 좋아하는 인연이 아니면 싫어하는 인연관계이지 인연을 정리할 능력까지는 없다고 보는 것이 타당할 것입니다.

그러나 공부인이 적극적으로 선택할 수 있는 것은, 좋은 인연은 보은 불공하여 계속 좋은 인연으로 이어가고, 나쁜 인연은 달게 받으면서 좋은 인연으로 돌리는 불공을 하는 것입니다.

인연을 끊는 것보다는 좋은 인연으로 돌리고, 좋은 인연은 더욱 법 있는 좋은 인연으로 지속해 가는 일이 적극적인 마음공부입니다.

그러므로 우리는 모든 인연들에게 공부심으로 불공을 하되, 내가 감당이 안 되는 인연이면 미움도 사랑도 주지 말고 염불·좌선·기도로 무심을 기르면서 남 탓하지 말고 내 마음을 정리해가야 합니다.

삼세 윤회를 하면서 모든 인연불공을 챙기는 마음으로 좋은 인연들과 행복하게 살아가기를 기원합니다.

인과의 주체인 한 물건

대종사 봉래정사에 계시더니 마침 포수가 산돼지를 그 근처에서
잡는데 그 비명소리 처량한지라, 인하여 말씀하시기를 「한 물건
이 이로움을 보매 한 물건이 해로움을 당하는도다.」 하시고, 또
말씀하시기를 「산돼지의 죽음을 보니 전날에 산돼지가 지은 바
를 가히 알겠고, 오늘 포수가 산돼지 잡음을 보니 뒷날 포수가 당
할 일을 또한 가히 알겠도다.」

대종경 인과품 12장

중국 양나라 무제(武帝)때 천태종을 세운 대 선지식 천태지자 스님이 어느 날 천태산에서 깊은 선정(止觀三昧)에 들어 있었습니다.

그때 스님의 앞으로 산돼지 한 마리가 황급히 지나가더니, 뒤이어 활을 든 사냥꾼이 쫓아와서 여쭈었습니다.

"산돼지 한 마리가 이리로 지나갔는데 어느 쪽으로 갔는지 아십니까?"

스님은 대답 대신 사냥꾼을 앉게 한 다음 시 한수를 읊었습니다.

烏飛梨落破蛇頭

蛇變爲猪轉石雉

雉作獵人欲射猪

道師爲說解寃結

까마귀 날자 배 떨어져 뱀의 머리가 부서졌도다

죽은 뱀은 돼지가 되어 돌을 굴려 꿩을 쳤다네

죽은 꿩이 포수가 되어 다시 돼지를 쏘려 함에

빈승이 인연을 밝혀 맺힌 원한을 풀어주려 하네

천태지자 스님은 시를 읊은 다음, 선정에 들었을 때 관찰한 사냥꾼과 돼지의 삼생인연(三生因緣)을 일러주었습니다.

"엽사(獵射)여, 지금부터 삼생 전에 까마귀 한 마리가 배나무 가지 위에 앉아 놀다가 무심코 다른 곳으로 날아가버렸다. 그 때 나뭇가지가 흔들리면서 다 익은 배 하나가 떨어졌는데 공교롭게 그 배나무 아래에서 똬리를 틀고 있던 뱀의 머리를 정통으로 때렸다. 이 때문에 죽은 뱀은 다시 멧돼지로 태어나 풀뿌리를 캐먹으며 살았고 까마귀는 죽어 꿩이 되었다. 어느 날 꿩은 알을 낳아 부화시키기 위해 품고 있다가 멧돼지가 칡뿌리를 캐먹기 위해 땅을 뒤질 때 건드린 돌이 굴러 떨어져 치어 죽고 말았다. 엽사여, 그 꿩이 죽어 이번에는 그대가 된 것이다. 그대가 지금 반드시 활로 멧돼지를 쏘아 죽이면, 멧돼지 또한 원한을 품고 죽어 앞날에는 더욱 무서운 과보를 받게 되느니라. 엽사여, 이제 그 활을 던져버려라. 사람의 몸을 받았을 때 악연의 고리를 끊지 않으면 영원히 악연 속에서 떠돌아다니게 되느니라."

천태지자 스님의 말씀을 들은 사냥꾼은 깨달은 바가 있어 그 자리에서 활을 꺾어 버리고 천태지자 스님의 제자가 되어 도를 닦았습니다.

우리가 피할 수 없는 안 좋은 일이 생겼을 때 "까마귀 날자 배 떨어진다(烏飛梨落)."는 말을 하는데 그 말에는 이러한 사연이 들어 있습니다.

돼지와 관련된 법문으로 인과품 12장 인과의 주체인 한 물건에 대하여 공부를 하겠습니다.

한물건과 한 물건

대종사님께서 사람과 돼지를 한 물건이라고 표현을 하셨는데,

그 말씀에는 육도사생이 주고받는 인과의 근본 원리를 알려주는 중요한 내용이 들어 있습니다.

사람과 사람이면 인간에 한정되고, 돼지와 사람이면 동물과 사람으로 한정되는데, 한 물건이란 말 속에는 육도사생과 삼세 윤회 원리가 다 포함되어 있습니다.

멧돼지의 주체인 한 물건과 사냥꾼의 주체인 한 물건이 과거·현재·미래를 육도 사생으로 윤회하면서 얽힌 업보는, 넓은 우주 공간에서 몸이 바뀌고, 장소가 바뀌고, 얼굴이 바뀌어, 서로 알지 못해도, 피할 수 없이 서로 주고받는 필연 관계의 주체를 한 물건이라고 하신 것입니다. 다시 말하자면, 육도사생의 모든 업의 주체를 한 물건이라고 표현하신 것입니다.

한 물건은 사람도 되고 동물도 되고 영혼으로 존재하여, 한 없는 세월에 육도 사생을 통해서 천 만 가지 다른 얼굴로 나타나는데, 그 얼굴은 천 만 가지로 바뀌지만 그 주인공은 영원히 변하지 않는 한 물건입니다. 그 무엇이라 이름할 수 없는, 본래 나라고 하는 주체를 한 물건이라고 하는 것입니다.

이 한 물건이 경계를 만나면 한 마음이 나옵니다. 한 마음은 경계 따라 천 만 가지 작용으로 나의 현재 업의 덩어리 내 몸을 만들었고, 이 업의 덩어리인 몸에 사는 한 물건이 육근 즉 눈·귀·코·입·몸·마음을 통해서 끊임없이 새로운 업을 지어 가고 있는 것입니다.

한 물건의 근본은 형상 없는 본래 나이고, 그 한 물건인 나는 인연 따라 이 세상에 나타났다 숨었다 하면서 천 만 가지로 변하

는 것입니다. 이러한 나와 우주 만물의 실체를 한 물건이라고 하
는 것입니다.

나는 어떠한 물건인가?

몸이라는 한 물건

몸은 부모님의 인연 유전자를 받아 이 세상에 나타난 현재의
몸을 말합니다. 유전자를 받을 때에도 자기가 지은 업보에 따라
서 부모님 유전자 중에 좋은 유전자만 받아올 수도 있고, 나쁜
유전자만 받아올 수도 있습니다.

그 받은 유전자가 생명 활동을 시작하면 세포 분열을 하여 2백
억 개가 넘는 유전체 세포가 되어 우리 몸을 형성한다고 합니다.
그 작은 세포 하나하나에도 각각 생명 주기가 있어서 대개 6개월
이면 우리 몸 전체적으로 세포가 한번 바뀐다고 합니다.

우리가 몇 십 년을 그 사람이라고 바라보지만, 세포로 보면 1
년만 지나도 1년 전에 봤던 그 사람 몸은 아닙니다. 몸에 상처가
나면 아물게 되는 것은 세균과 싸우면서 파괴된 세포는 버리고
그 자리에 새로운 세포를 만들어 끼워 넣기 때문입니다.

또한 정상 세포도 일정시간이 지나면 죽어 없어져야 그 자리에
건강한 새 세포를 끼워 넣을 수 있는데, 죽지 않는 돌연변이 세
포가 증식되면 암이라고 하는 병이 된다고 합니다.

내 몸이란 음식을 섭취해서 만들어진 에너지로 끊임없이 세포
를 만들어 내고, 소멸의 과정을 격는 변화일 뿐이므로 겉으로 보

이는 몸이 나의 영원한 실체는 아닙니다.

그러나 몸이 실체는 아니지만 실체인 마음이 사는 집이므로, 건강한 음식을 고르게 섭취하고 규칙적인 보은 활동으로 몸 관리를 잘 해야 합니다.

몸에 집착해서 맛 있는 것만 먹고 편한 것만 찾는 것이 몸을 위하는 것 같지만, 그것은 오히려 몸 관리를 부실하게 하고 병약하게 하기 쉽습니다. 음식을 약으로 알고 골고루 먹어야 하며, 건강한 몸과 마음으로 사은에 진 빚을 갚는 보은 활동을 열심히 해야 계속 건강한 몸을 받을 수 있습니다.

타고난 운명의 몸은 전생 업보의 결과물이지만, 그 몸의 수명이나 건강을 마음 공부로 잘 관리하면, 잘 관리한 업이 더 해져서 타고난 수명보다 더 건강하게 오래 살 수가 있습니다.

마음이라는 물건

마음이 나라고 하면 어떤 마음이 나일까요? 기분이 좋기도 하고, 기분이 나쁘기도 하는 것이 나일까요? 기뻐하고 화 내고 슬퍼하고 즐거운 것이 나일까요? 이러한 마음들은 경계 따라 나타나는 뜬구름 같은 마음들인데, 순간적인 것을 어찌 참다운 나라고 할 수 있을까요?

경계에 상관없이 영원한 그 무엇이 있는데, 이것을 한 물건이라고 하는 것이며, 그 한 물건이 영원한 실체의 내 마음입니다. 나라고 하는 이 한 물건은 이름도 모양도 형태도 냄새도 없지만 이 우주와 함께 영원한 것이며, 이것을 참 나라고 하는 것입니다. 때문에 순간적인 감정에 집착하지 말고, 내 몸의 주인인 이 영원한 참 나에 대하여 마음 공부로 공을 들여야 합니다.

한 물건과 한 물건의 관계(우주만물의 관계)

조물주와 조물주의 관계

'한 물건이 이로움을 보매 한 물건이 해로움을 당하는 도다.' 라고 하셨습니다.

한 물건은 영원히 변하지 않는 실체이며, 한 물건과 한 물건의 관계는 책임 있는 실체인 조물주와 조물주의 관계입니다. 무책임한 피조물이 아니라 원인 제공에 대하여 반드시 응분의 책임을 지는 조물주와 조물주의 관계입니다.

얼굴과 형체가 천만 번 바뀌어도 나의 조물주인 실체는 영원히 존재하는 실체이기 때문에, 내가 몸과 마음으로 행한 것은 몸이 바뀌고 장소가 바뀌어도 반드시 실체인 내가 응분의 책임을 져야 합니다.

채권자와 채무자의 관계에서 무책임은 없다는 것을 명심해야 합니다. 다시 말하자면 인과의 진리가 지배하는 이 세상에 공짜는 하나도 없는 것이며, 공짜가 없기 때문에 내가 저지른 일에 대하여 책임 있는 조물주로서 반드시 내가 책임을 져야 되는 것입니다.

업과 업의 관계

'산돼지의 죽음을 보니 전날에 산돼지가 지은 바를 가히 알겠고, 오늘 포수가 산돼지 잡음을 보니 뒷날 포수가 당할 일을 또한 가히 알겠도다.' 라고 하셨습니다.

한 물건과 한 물건의 관계는 업과 업의 관계입니다. 예를 들면 '내가 법회 후에 마트에 가서 무엇을 사야겠다'고 생각하면 마음의 업(心業)이 형성되는 것이고, '상대방에게 욕을 했다거나 칭찬을 했다'면 구업(口業)이 형성된 것이고, '누구를 때렸거나 친절 봉사를 했으면' 신업(身業)이 형성되는 것입니다.

몸과 입과 마음으로 행하는 일체 모든 행위는 선악간에 업이 형성됩니다. 그리고 업이 발생되면 반드시 업을 행하는 채권자와 업을 받는 채무자가 있게 되는데, 선업은 내가 채권자이고 악업은 내가 채무자가 되는 것입니다.

다시 말하면 업은 상대적인 것이기 때문에 내가 행한 육근 동작은 반드시 채권을 가지거나 채무를 지는 업의 관계로 형성이 됩니다. 그러므로 동물, 식물, 광물, 영혼까지 이 세상 모든 것은 산돼지와 포수처럼 업과 업의 관계로 형성되는 것입니다.

그래서 복 받는 좋은 업을 짓고 행복을 창조하라고 하기 위해 대종사님께서 곳곳이 부처님이니 일일이 불공을 하라고 하신 것입니다. 그렇게 모두를 부처로 보고 불공하는 신앙생활을 해야 가는 곳마다 일마다 선업을 지어서 복을 받을 수 있는 것입니다.

대종사님께서 인과품 12장에 대한 부연법문을 해주셨는데,

'하늘이 벌을 내리는 것이 아니라 제가 스스로 벌을 장만한 것이며, 하늘이 복을 내리는 것이 아니라 제가 스스로 복을 장만한 것이다. 그러므로 하늘도 죄 짓지 아니한 사람에게 벌 내릴 권능이 없고, 복 짓지 아니한 사람에게 상 내릴 권능이 없는 것이다.' 라고 하셨습니다.

여기에서 말씀하신 하늘은 일원의 진리를 말씀하신 것입니다. 하느님이나 법신불 사은이나 죄 짓지 않은 사람에게 벌을 내릴 수 없고, 복 짓지 않은 사람에게 복을 줄 수 없다는 말씀입니다.

우리는 우주 전체를 관장하고 없어서는 살 수 없는 법신불 사은의 피조물임과 동시에 우리 각자가 자기의 조물주이기 때문에, 벌이나 복이나 다 자기 스스로 만든 것이라는 말씀입니다. 모든 일을 판단하고 행하는 일은 오직 한 물건인 각자 자신이 하는 것입니다.

이와 같이 나라는 한 물건이 몸과 마음으로 지은 업은, 몸이 바뀌고 아무리 많은 시간이 지나더라도, 나라고 하는 그 한 물건이 반드시 응분의 책임을 지고 받아야 되는 것입니다. 한 물건과 한 물건은 서로가 과거를 알고 모르는 것에 관계 없이 법신불 진리의 중개로 지은 대로 인과 법칙에 따라 되돌려 받는 것입니다.

나라고 하는 영원한 한 물건이 몸과 입과 마음으로 행동을 한 것은, 몸이 책임지는 것이 아니라 나라는 한 물건이 영원한 책임을 진다는 것을 명심해야 합니다. 한 생각 한 행동에 오직 존엄하신 부처님을 대하는 심경으로 일마다 불공을 잘 해서 세세생생 그 한 물건이 복 받으며 잘 살아갑시다.

몸과 입과 마음으로
짓는 죄업

대종사 말씀하시기를 「사람이 몸과 입과 마음으로 가지가지의 죄업을 지어 그 과보 받는 종류가 실로 한이 없으나, 몇 가지 비근한 예를 들어 그 한 끝을 일러 주리라. 사람이 남에게 애매한 말을 하여 속을 많이 상하게 한즉 내세에 가슴앓이를 앓게 될 것이며, 사람이 남의 비밀을 엿보거나 엿듣기를 좋아한즉 내세에 사생아 등으로 태어나 천대와 창피를 당할 것이며, 사람이 남의 비밀을 잘 폭로하고 대중의 앞에 무안을 잘 주어서 그 얼굴을 뜨겁게 한즉 내세에는 얼굴에 흉한 점이나 흉터가 있어서 평생을 활발하지 못하게 사나니라.」

대종경 인과품 13장

미국에 입양된 아이들 모두가 다 미국 시민권 받는 것인 줄 알 았는데 그게 아니라고 합니다. 우리 나라에서 미국 부잣집에 입 양된 아이가 두 번 버림 받은 충격적인 사건이 있어서 소개합니 다. 2012년 8월 10일 중앙일보 기사입니다.

미국에 입양됐다가 한국으로 강제 추방된 김모(39) 씨가 생활 고 때문에 2012년 8월 2일 오후 서울 강남 개포동 우리은행 지점 에 흰색 머리 가발과 선글라스를 쓰고 들어가 가스 권총으로 직 원들을 위협해 2000만원을 빼앗아 은행 앞에 서 있던 택시를 잡 아탔습니다.

강도 김씨는 택시 기사에게 "고고(Go Go)"라고 소리를 질렀 으나, 택시기사는 차량 시동을 끄고 도망쳐 나왔습니다. 그 사 이 은행의 신고를 받은 경찰이 출동하여 출동 2분 만에 김씨는 붙잡히고 말았습니다.

검거된 강도 김모씨(39)는 1974년 10월 미국으로 입양됐습니 다. 애리조나 주에서 말 1000마리를 기르는 양부모 밑에서 유복 하게 자랐습니다.

하지만 양부모가 사고로 숨지면서 불행이 시작됐습니다. 양부 모가 그에게 미국 시민권을 주는 절차를 밟지 않아서 재산을 물 려받지 못했습니다.

방황하던 김씨는 조직 폭력배의 세계로 들어갔습니다. 2000년 마약과 폭력 혐의로 구속돼 교도소에서 7년을 지냈습니다. 그는 시민권이 없는 데다 범죄를 저질렀기 때문에 한국으로 강제 추방됐습니다.

2007년 한국에 온 그는 영어학원 강사로 일을 하다가 또다시 마약에 손을 대 1년 간 교도소 생활을 했습니다. 지난 2012년 7월 10일 출소한 김씨는 범죄 경력 때문에 더 이상 직장을 구하지 못하고 이와 같은 일을 저지르고 말았습니다.

김씨처럼 미국에 입양됐으나 시민권을 받지 못해서 미국사회에서 버려지는 사례가 많다고 합니다. 이와 같이 국내외에 버려지는 사생아에 대한 법문이 나오는 대종경 인과품 13장에 대하여 공부하도록 하겠습니다.

몸과 입과 마음으로 짓는 업보와 공부

몸으로 짓는 업보와 공부

'사람이 남의 비밀을 엿보거나 엿듣기를 좋아한즉 내세에 사생아 등으로 태어나 천대와 창피를 당할 것이며' 라고 하셨습니다.

사람들은 자기 일보다 남의 일에 관심들이 많아서 남의 비밀을 알려고 하는 사람이 많은데, 이것을 행동으로 옮기면 호기심은 충족이 되겠지만 그에 따르는 과보가 있다는 것입니다.

그 과보는 사생아로 태어나 천대받고 창피를 당하는 것입니다.

우리의 몸은 사용하기에 따라서 복을 짓는 도구도 되고, 죄를 짓는 도구가 되기도 합니다. 그러므로 만사만리의 근본이 되는 소중한 몸을 사용할 때는, 반드시 좋게 사용하여 복 짓고 복 받는 몸이 되게 하여야 하겠습니다.

입으로 짓는 업보와 공부

'사람이 남에게 애매한 말을 하여 속을 많이 상하게 한즉 내세에 가슴앓이를 앓게 될 것이며, 사람이 남의 비밀을 잘 폭로하고 대중의 앞에 무안을 잘 주어서 그 얼굴을 뜨겁게 한즉 내세에는 얼굴에 흉한 점이나 흉터가 있어서 평생을 활발하지 못하게 사나니라.' 고 하였습니다.

화병으로 가슴이 아픈 가슴앓이를 하는 경우도 그만한 업보가 있었다는 것입니다. 또한 얼굴에 흉한 점이나 흉터도 반드시 이유가 있는 업보라는 것입니다.

우리는 원인을 모르기 때문에 아픔을 당하면 진리와 세상을 원망하는데, 인과를 믿는다면 참회를 해야 되는 일이지 원망할 일은 아닙니다.

참회는 누구를 위한 것이 아니라 자기 자신을 위한 것입니다. 신앙의 위력은 참회와 기도에서 나옵니다. 진심으로 참회하고 개과천선을 함으로써 악업을 청산하면 막혔던 앞길이 열리게 됩니다.

전주에 사는 교도 한 사람이 자기 남편과 다투고 나서 말을 않기 시작했는데 무려 3년이나 되었습니다. 그런데 교당에서 남과 다투고 말 안하면 벙어리가 된다는 인과법문을 듣고 자기 남편에게 먼저 말을 건 것은 물론 남편을 교당에 데리고 와서 함께 법문(法門)을 들었다고 합니다. 부산진교당에서도 교도 한분이 동서끼리 칠년 간 말을 않고 지내다가, 벙어리 된다는 인과설(因果說)을 듣고 나서 동서를 찾아가 사과한 후, 다행히 벙어리 될 과보를 면하였고 감사의 표시로 연탄을 때던 부산진교당에 연탄을 계속 대 주었다고 합니다.

입으로 짓는 업보를 살펴보면, 남을 속여서 이득을 취하는 악의적인 거짓말이 있고, 사람과 사람 사이를 이간질하는 죄가 있고, 악한 말을 하는 죄가 있고, 때와 장소에 따라서 말 바꾸는 죄가 있고, 남을 모함하는 죄 등이 있습니다. 이러한 죄를 지으면 반대로 그 업보를 그대로 되돌려 받게 됩니다.

말 한마디로 천냥 빚을 갚는다는 말이 있듯이 말 한마디가 천금 같은 가치가 있는데, 그 소중한 입으로 말을 할 때 가치 있게 사용해야지, 죄 짓는데 사용하면 악도를 면하지 못할 것입니다.

말은 습관이라 어려서부터 좋은 말을 하도록 가르쳐서 좋은 업을 짓는 입이 되도록 하여야 하겠습니다.

마음으로 짓는 업보와 공부

사람이 몸과 입과 마음으로 가지가지의 죄업을 지어 그 과보 받는 종류가 실로 한이 없지만, 그 죄업의 근본은 사람의 마음에 있습니다.

인과에서 반수인과라는 법칙이 있습니다. 남을 저주하면 자기가 저주받는 이치를 말합니다. 남을 무시하면 나도 무시 받고, 남을 함부로 하면 나도 함부로 대함을 당하는 것이 반수인과 법칙입니다.

자기가 당한 것을 갚을 때 여러 사람 앞에서 상대방을 망신 주어 몇 배로 갚는 것을 볼 수 있는데, 이런 경우는 얼굴에 흉한 점이 생겨 얼굴 들고 다닐 수 없게 되는 과보를 받게 된다고 합니다. 특히 기도하는 사람이 남을 미워하고 저주하는 마음을 갖는 것은 도리어 자기가 천벌을 받을 수 있는 것이기 때문에 조심해야 합니다.

마음이 모든 것의 근본이 되므로, 마음을 잘 써야 진급이 되고, 마음을 잘 써야 부자도 되고, 마음을 잘 써야 미인도 되고, 마음을 잘 써야 행복해질 수 있습니다.

그러므로 마음 공부를 잘하여 마음을 잘 쓰는 것이 모든 소원을 다 이룰 수 있는 근본이 되는 것입니다.

남을 해하려는 마음이 결국은 자기에게 해를 입히게 되는 것입니다.

나의 주인은 나의 몸이 아니라 나의 마음이기 때문에 마음을 잘 가지는 마음 공부가 나를 행복하게 하는 근본입니다.

대종경 교의품 27장에 "누가 원불교에서는 무엇을 가르치고 배우느냐고 물으면 뭐라고 대답하오리까?" 하는 이인의화의 질문에 대종사님께서 "일체 유심조 되는 이치를 배우고 가르친다고 하라"고 하셨습니다. 이 말씀은 이 세상 모든 것이 다 마음으로부터 되는 이치라는 말씀이며, 이것을 알고 보면 인과의 이치도 자연히 알게 된다는 말씀입니다.

　몸과 입과 마음으로 가지가지 업을 짓는 것이 다 마음의 조화이기 때문에, 마음 공부로 몸과 입과 마음을 잘 사용하여 세세생생 진급하고 복 받으며 잘 살아갑시다.

벼락 맞아 죽는 죄업은?

한 제자 여쭙기를 "벼락을 맞아 죽는 것은 어떠한 죄업으로 인함
이오니까." 대종사 말씀하시기를 「부지불식간에 벼락을 맞아 죽
는 것은 그 죄업도 또한 부지불식간에 중인에게 벼락을 준 연고
이니, 예를 들면 자기의 권력이나 무력 등을 남용하여 많은 대중
을 살생하였다든지, 또는 악한 법을 강행하여 여러 사람들에게
많은 해를 입혔다든지 하는 등의 죄업으로 인한 수가 많나니라.」

대종경 인과품 14장

2008년 12월 8일, 미군 전투공격기가 미국 캘리포니아 주 샌디에이고 주택가에 추락해 한인 일가족 4명이 숨지는 참사가 일어났습니다.

샌디에이고 경찰과 로스앤젤레스(LA) 한국총영사관에 따르면 훈련비행을 마치고 비행장으로 귀환하던 미 해병대 소속 전투공격기인 FA-18 호넷이 8일 정오(현지 시각)께 샌디에이고 외곽 유니버시티 시티의 주택가에 추락, 한인 윤 모씨(37)의 주택 등 3채를 덮쳤습니다. 이 사고로 윤 씨의 집에 있던 부인 이 모씨(36)와 2개월째 된 딸과 2살 된 딸, 윤씨의 장모 김 모씨 등 네 명이 사망했습니다. 윤씨는 한 달 전 학군이 좋은 이곳으로 이사를 왔고, 부인 이씨는 이사 와서 바로 출산을 하였으며, 이씨의 산후조리를 위해 한국에서 친정어머니 김 모씨가 와 있었습니다. 다행이 미국 시민권자인 윤 씨는 사고 당시 직장에서 일하던 중이어서 참변을 면했습니다.

이것이 밝은 대낮에 날벼락을 맞은 일입니다. 친정어머니가 한국에서 그곳으로 간 것도 우연한 일이 아니고, 학군이 좋은 곳으로 이사를 해서 해산을 한 것도 우연한 일이 아닙니다. 비행기도 왜 하필이면 그곳에 떨어졌을까요?

벼락이라는 천벌에 대하여 공부합니다.

인과의 반응

양산 종사님께서 업보가 돌아올 때 네 가지 반응에 응한다고 정리하여 주셨는데, 제가 연마하니 이렇습니다.

일의 반응

"눈에는 눈, 이에는 이"라는 속담이 있듯, 폭력에는 폭력이 반응하고 선행은 보은으로 반응합니다. 또한 유유상종이라는 말이 있듯, 동물들은 같은 동물끼리 어울리고, 사람은 사람끼리 어울리며, 사람도 같은 일을 하는 사람끼리 어울립니다. 예를 들자면, 노는 장소에는 놀기 좋아하는 사람이 모이고, 운동장에는 운동 좋아하는 사람이 모이듯, 인과의 이치가 각자 하는 일이나 좋아하는 일에 따라 모이는 사람이 다릅니다.

이치의 반응

주고 받는 인과의 이치는 선악 업보를 지은대로 되돌려 받는 것이 이치의 반응입니다. 선을 지은 사람에게는 복이 돌아오고, 악을 지은 사람에게는 벌이 돌아오는 인과업보가 이치의 반응입니다. 복을 지은 사람에게 벌을 주거나, 죄를 지은 사람에게 복을 주는 일은 절대로 없으며, 선업을 지은 업보는 반드시 복을 받고, 악업을 지은 업보는 반드시 벌을 받는 것입니다.

물질의 반응

시소나 튀는 공처럼 즉각적으로 나타나는 물리적 현상이나, 주고 받고 오고 가는 물질의 상대성이 물질에 대한 반응입니다. 인과의 이치는 복을 많이 지으면 많이 되돌려 받고, 복을 적게 지으면 적게 되돌려 받는 것입니다. 따라서 누구나 바라는 물질 복이라는 것도, 지은 것이 많으면 많이 받고, 지은 것이 적으면 적게 받는 것이 물질의 반응입니다.

정신의 반응

"정성이 지극하면 돌부처도 돌아 앉는다."는 속담이 있는데, 우리 정신력은 상상을 초월할 정도로 엄청난 위력이 있습니다. 앞에서 밝힌 세 가지 반응을 이끌어 가는 것도 이 정신의 반응입니다. 누구에게 무엇인가 받아도 기분이 나쁘고, 내가 누군가에게 주어도 기분이 좋은 것이 정신의 반응입니다.

그러므로 상대의 인격을 존중하는 마음으로 복을 지어야 되돌려 받을 때도 기분 좋게 복을 받을 수 있습니다. 같은 복이라도 어떠한 생각으로 지었는지에 따라 받는 것이 달라질 수 있습니다.

복을 지을 때 물질의 반응인 양도 중요하지만, 그 내용인 정신이 더 중요합니다. 같은 양의 복이라도 정성이 들어간 복이 더 큰 복을 받을 수 있습니다.

정신이 곧 마음인데, 어떻게 마음을 써야 복 받고 잘 사는 것인지 "마음을 원만구족 지공무사 하게 쓰는 공부"를 함께 해 보도록 하겠습니다.

마음을 원만구족하고 지공무사하게 쓰자

벼락을 맞는 중벌을 받지 않으려면 마음을 잘 쓰는 마음 공부를 해야 합니다. 다양한 현대사회에서는 벼락을 천둥번개만 고정해서 생각하지 말고 시대에 맞게 다양하게 생각해야 할 필요가 있습니다.

어쩔 수 없이 순식간에 당하는 폭탄 테러, 교통사고, 산사태, 눈사태, 각종 놀이기구 사고 등도 있고, 특히 문명의 이기인 교통수단은 사용자의 잘못도 있지만, 비행기, 기차, 배, 자동차 사고 등은 내가 잘못이 없어도 뜻하지 않게 날벼락을 맞는 경우가 있는데, 이것은 당하는 여러 사람이 공업을 지은 업보라고 보는 것이 타당할 것입니다. 중동에서 자주 일어나는 자살폭탄 테러도 서로 주고 받기를 하고 있는 것이라 할 것입니다.

마음을 원만하게 쓰자

모든 업보의 중심에는 마음이 있습니다. 그 중심에 있는 마음을 한편에 치우치지 않고 모나지 않게 원만하게 써야 벼락을 맞는 업보를 당하지 않습니다.

마음을 쓸 때 좁은 생각과 이기적인 생각과 물질 중심의 생각과 피조물 사고는 벼락 맞을 행위를 할 수 있는 위험한 생각들입니다.

　중동전쟁과 테러를 보면, 무책임한 피조물 사고는 살인 폭력도 성전이라고 미화하고 정당화시키는 모난 사고방식이라는 것을 알 수 있습니다. 모난 마음은 무고한 사람들에게 폭력의 벼락을 줄 수 있고, 그 업보로 자기도 폭력의 억울한 벼락 맞을 일을 당하게 되는 것입니다.

　남에게 벼락을 줄 수 있는 모난 마음과 행동은 나도 벼락을 맞게 되는 재앙의 근본이기 때문에 내 마음을 원만하게 쓰는 것이 중요합니다. 마음을 원만구족하게 쓰는 사람은 자연히 행동도 원만구족하게 하므로 벼락 맞을 염려가 없고, 원만한 마음은 복을 받게 되는 근본이 됩니다.

마음을 지공무사하게 쓰자

　마음을 지공무사하게 쓴다는 것은 진리와 원칙에 따라 바르게 쓴다는 것입니다.

　정의 불의도 가리지 않고 죄 짓는 일도 다 받아주고 마음에 중심이 서지 않는 것은, 본인이나 남이나 피해를 주기 쉽기 때문에 정의 불의를 가려서 정의롭게 지공무사한 마음을 써야 정의로운 행동을 하여 나와 남에게 덕이 나타나게 되는 것입니다.

　모난 마음을 써서 벼락 맞는 천벌을 받지 않으려면 사적인 감정을 버리고 지공무사한 마음으로 공정하고 바른 판단을 하여 공정하고 정확한 처사를 해서 원한을 사지 않아야만 합니다. 특히 공적인 입장에 서면 감정에 치우치지 말고 사사로움에 치우치지 말고 마음을 바르게 써서 지공무사하게 바른 일처리를 해야 합니다.

2009년 04월 03일 일본 홋카이도에서 30대 여성이 골프를 치다가 골프장 바닥이 갑자기 꺼지는 바람에 추락해 숨진 사건이 있었습니다. 또한 여름이면 태풍이나 폭우로 인한 홍수나 토네이도나 산사태가 나서 편안한 안방에서 생명을 잃는 경우도 많이 있습니다.

이와 같이 지은 죄가 있으면 아무 곳에서나, 아무 때나, 편안한 안방에서도 날벼락을 맞을 수 있으므로, 일상생활에서 원만구족하고 지공무사한 마음을 가져서 곳곳이 부처님이니 부처님을 섬기는 마음으로 일마다 정성으로 원만구족하고 지공무사한 불공을 하고 살아야 하겠습니다.

우리의 신앙표어 처처불상 사사불공, 곳곳이 부처님이니 일일마다 불공을 하고 살아야 벼락을 맞지 않을 것입니다.

복록은 자기가
지은대로 받는 것

대종사 서울교당에서 건축 감역을 하시는데, 여러 일꾼들이 서로 말하기를, 사람이 아무리 애를 써도 억지로는 잘 살 수 없는 것이요, 반드시 무슨 우연한 음조(陰助)가 있어야 되는 것이라고 하는지라, 대종사 들으시고 그 후 제자들에게 말씀하시기를 「대저 우리 인간이이 세상에 살아가자면 우연한 가운데 음조와 음해가 없지 아니하나니 모르는 사람들은 그것을 하나님이나 부처님이나 조상이나 귀신이 맡아 놓고 주는 것인 줄로 알지마는 아는 사람은 그 모든 것이 다 각자의 심신을 작용한 결과로 과거에 자기가 지은 바를 현재에 받게되고, 현재에 지은 바를 또한 미래에 받게 되는 것이요, 짓지 아니하고 받는 일은 하나도 없는 줄로 아나니, 그러므로 어리석은 사람들은 고난을 억지로 면하려 하나, 지혜 있는 사람은 이미 지어 놓은 죄복은 다 편안히 받으면서 미래의 복락을 위하여 꾸준히 노력을 계속하는 것이며, 같은 복을 짓는 중에도 국한 없는 공덕을 공중에 심어서 어느 때 어느 곳에서나 복록의 원천이 마르지 않게 하나니라.」

대종경 인과품 15장

고려 말 불법이 흥행하던 시절에, 한 시골에 불법 신앙이 돈독한 노총각이 살고 있었습니다. 그는 많은 논밭 관리도 다 팽개치고, 집 근처에 있는 절에 다니면서 '관세음보살' 주문만을 외우면서 살았습니다.

그는 자기 소원을 이루기 위해 '관세음보살'을 열심히 외우면서 불공을 하였지만, 해마다 흉년이 들 뿐만 아니라 나이가 40이 넘도록 장가도 가지 못했습니다. 상황이 이렇게 되자 이 노총각은 '관세음보살'이 감응하지 않아서라고 생각하고 비관하면서 살기 시작했습니다.

그런데 어느 날 노총각 앞에 '관세음보살'이 현실로 나타나서 "왜 나를 그렇게 불렀느냐?" 하고 물었습니다. 노총각은 "풍년이 들어서 나 장가 좀 들게 하여 주시오" 하고 부탁을 했습니다. 그러나 관세음보살은 "나는 그런 일은 못한다. 새벽에 일어나서 조기대보살(朝起大菩薩)을 외우면서 찾아보아라." 하고는 홀연히 사라져 버렸습니다.

불심 깊은 노총각은 그 다음날부터 새벽 마다 일찍 일어나서 "조기대보살"을 외우며 찾았습니다. 그러던 어느 날 아침, 이 노총각은 일찍 일어나는 사람(朝起)이 조기대보살인 줄을 깨달아 알았습니다. 그리고 자기가 조기대보살이 될 수도 있다는 것도 알았습니다.

그 뒤부터 노총각이 새벽부터 밤늦게까지 열심히 논밭 일을 하니 자연히 풍년이 들었습니다. 그래서 집도 크게 짓고 살림들을 장만하니 좋은 소문이 퍼져서, 자연히 젊고 예쁜 색시가 생겨 장가를 가게 되었습니다. 그 후에 불법 수행을 더욱 정진하더니, 자기가 지어서 자기가 받는 자업자득인 인과의 이치를 크게 깨치게 되었습니다.

복이 어디서 옵니까? 노총각은 인간만사 길흉화복이 모두 자신의 심신 작용의 결과인 줄을 확실하게 알았습니다.

서울교당에서 건축일을 하던 일꾼들이 "사람이 억지로는 잘 살 수 없는 것이요, 무슨 우연한 음조(陰助)가 있어야 될 것이다"고 하니까 대종사님께서 뭐라고 하셨습니까? 대종사 들으시고 '세상을 살아가자면 우연한 음조와 음해가 없지 아니 하나, 모르는 사람들은 그것을 하나님이나 부처님이나 조상이나 귀신 등이 맡아 놓고 주는 것인 줄로 알지마는, 아는 사람은 그 모든 것이 다 각자의 심신을 작용한 결과다.' 라고 하셨습니다.

농사 짓는 총각이 농사는 나 몰라라 하고 염불만 하고 앉아있는데 어떻게 풍년이 들며, 그런 총각에게 누가 시집을 오겠습니까? 노총각은 늦게라도 철이 들어서 풍년 들고 장가를 가는 책임이 관세음보살한테 있는 것이 아니라 자기한테 있는 것을 알았습니다. 우리 각자의 길흉화복은 부처님이나 하나님, 조상, 귀신이 주는 것이 아니라 각자의 몸과 마음의 작용에 의해서 이루어지는 것입니다. 우리들에게 수시로 찾아오는 길흉화복은 자기의 조물주인 자신의 몸과 마음 작용의 결과인 것을 의심하지 말고 믿고 노력해야 원하는 것을 얻을 수 있는 것입니다.

원하는 것을 얻는 공부

길흉화복을 누가 가져다주는 것이 아니라 모두 다 내가 만든 것이기 때문에, 좋은 일과 복을 원하는 대로 얻으려면 흉한 일과 화를 입는 일과 안 되는 일은 멀리 하고, 되는 일에는 정신·육신·물질을 집중 투자를 해야 원하는 복을 얻을 수 있습니다.

되는 일

인과의 이치에 맞는 일이 '되는 일'입니다. 하면 한 만큼 되어지는 인과의 이치에 맞춰서 노력하면 원하는 대로 다 이룰 수 있습니다. 우주 전체의 조물주는 법신불 사은이며, 각자의 조물주는 각자이며, 나의 조물주는 나이기 때문에, 원하는 것을 법신불 사은의 되어지는 이치에 맞게만 하면, 미래의 나를 원하는 나로 만들어갈 수 있는 것입니다.

피겨스케이팅 선수 김연아가 세계 최고가 되기 위해서 같은 동작을 10만 번 이상 연습을 했다고 합니다. 이것이 되어지는 진리에 맞게 소원을 이루는 방법입니다. 대충 조금 하고 안 된다고 하는 것은, 인과의 이치를 모르고 사는 사람들이 하는 말이고, 자기 잘못을 합리화 하려는 변명입니다.

공부나 운동이나 세상 일이나 노력해야 실력이 향상되는 것이고, 돈을 아끼고 저축해야 부자가 되는 것입니다. 하면 한 만큼 되는 것이 인과의 진리이기 때문에 인과의 이치에 맞게만 하면 되는 일입니다.

안 되는 일

인과의 이치에 맞지 않는 것이 '안 되는 일' 입니다. 운동 연습 안하면 실력이 오르지 않고, 시험 공부를 하지 않으면 점수를 많이 얻을 수 없습니다. 운동 연습은 게을리 하고 시합에 일등하려는 것이나 공부 조금하고 점수 많이 얻기를 바라는 것은 안 되는 일입니다. 자기의 조물주는 자기인데 자기는 가만히 있고 신이나 부처님이 나의 길흉화복을 대신 해주기를 바라는 피조물 사고방식은 안 되는 일입니다.

진리가 주는 기적도 99% 노력한 사람에게 1%의 기적이 주어지는 것이지, 1%나 10% 노력한 사람에게 기적을 주는 것이 아닙니다. 노력은 안하고 진리와 흥정하려는 것은 안 되는 일입니다.

진리와 흥정해서 안 되는 이유는

첫째는 하면 되어지는 진리는 노력한 만큼만 이루어집니다. 3, 4월에 뿌린 볍씨를 9월, 10월에야 수확할 수 있듯, 되는 일에 노력을 계속해야 때가 이르면 이루어지는 것인데, 중간 여름에 내가 이만큼 했는데 왜 안 되느냐 진리와 흥정한다고 되는 일이 아닙니다.

둘째는 자기 조물주는 자기입니다. 사람은 기계로 이루어진 로

붓이 아니기 때문에 일은 대가를 받고 대신해 주는 사람이 있지만, 자기 인생을 누가 대신 살아줄 수 없으므로, 나의 선악업을 누가 대신해주기를 바라는 것은 안 될 일입니다. 무엇이나 노력 없이 이루고자 하는 것은 어디까지나 희망사항이고, 이기적인 자기 욕심일 뿐이지 안 되는 일입니다. 안 되는 일에 매달리는 것은 결국 헛된 고생만 하게 됩니다.

우리가 원하는 것을 얻으려면

되는 일에 모든 것을 투자하자

나의 어려움을 누가 대신해 주기를 바라는 피조물 사고나 요행을 배제하고, 하면 되는 인과의 이치에 맞게 투자하자는 것입니다. 안 되는 일에 아무리 노력 해봐도 헛일이기 때문에, 정신 · 육신 · 물질 간에 인과의 이치에 맞게 되는 일에 투자하자는 것입니다.

정신적으로 투자하자

대종경 요훈품 1장에 마음 공부는 모든 공부의 근본이라고 했습니다. 이 세상에서 같은 노력을 했을 때 효율성이 가장 높은 공부가 마음 공부이기 때문에 마음 공부에 투자를 하는 것입니다. 또한 마음공부는 내생으로 가져갈 수 있는 재산이기도 합니다.

육신으로 투자하자

　육신으로 투자하자는 것은 죽으면 없어질 이 몸에 투자를 하자는 것이 아니라, 만사만리의 근본되는 이 몸을 사용할 때 가치 있는 일에 사용을 하자는 것입니다. 우리 몸은 무엇이나 할 수 있는 도구인데, 그것을 사용하는 방향이 크게 나누면 죄 짓는 일과 복 짓는 일입니다. 소중한 우리의 몸을 사용할 때에 죄를 지어 고통 받을 일은 하지 말고, 즐거움이 돌아오는 복 짓고 지혜 밝히는데 사용하자는 것입니다.

물질로 투자하자

　물질이라고 하는 것은 몸과 마음을 사용하기에 따라서 인연 따라 나에게 머물다가 인연이 다 하면 떠나가는 것입니다. 내 육신을 비롯한 물질을 몇 백 년, 몇 천 년, 내 곁에 두려고 노력하지만 안 되는 일에 욕심으로 하면 다 떠나갑니다. 그러나 인과의 이치에 맞게 지키면 지킬 수 있는 길이 있는 것입니다.

　지키는 방법은 두 가지입니다.

　하나는 꼭 필요한 곳에 꼭 필요한 만큼만 쓰는 것입니다. 인간이 생존의 도를 넘어서 먹고 입고 쓰는 것이 지나쳐서 지구촌에 여러 모로 재앙이 따르게 되어 지구촌 가족이 공멸하게 생겼습니다. 지나치게 먹고 그것을 조절하기 위해 또 물질을 낭비하니, 이중 삼중으로 자원을 낭비하여 삶의 근원인 지구가 견딜 수 없을 지경입니다.

　지나치게 쓰고 버리는 쓰레기는 환경을 완전히 병들게 하여 음식물이나 공기까지 마음 놓고 먹고 마시고 살 수 없을 정도로 오염시키고 있습니다. 쓸데없이 자원을 낭비하면 낭비한 모든 물질 가난을 불러오기 때문에, 꼭 필요한 만큼만 먹고 쓰는 것이 우리들의 미래를 위한 투자입니다.

또 하나는 건전한 곳에 투자하는 것입니다. 물질의 대표가 돈인데 돈을 적당히 쓰고 아끼면 부자가 되고, 그 돈을 희망과 여진이 있는 곳에 투자를 하면 미래로 가져가는 것입니다. 돈을 좋은 회사에 투자하면 나의 재산이 늘어나고 많은 배당을 받게 되는 것과 같이, 물질 회사도 건전하고 좋은 일 하고 열심히 하는 곳에 투자를 해야 인과적으로 많은 이익이 돌아옵니다. 특히 현금이나 현물은 내가 죽을 때 가져가지 못하지만, 건전한 종교 단체나 건전한 사회 단체에 기부하면 여러 사람에게 유익을 주기 때문에 그 공덕을 내생으로 가져갈 수 있고, 그 단체의 하기에 따라서 보너스 복도 듬뿍 받게 되는 것입니다.

아무리 돈이 많아도 주색잡기에 빠진 사람에게 돈을 맡기면 망하는 것은 시간 문제입니다. 또한 돈이 죄 짓는데 투자되면 나도 그 죄에 대한 공범으로 벌을 받게 되기 때문에 아무 곳에나 헌공 투자하면 안 됩니다. 그러므로 물질은 나의 미래를 위해서 신중하게 투자를 해야 합니다.

대종사님께서는 "내가 받는 길흉화복 그 모든 것이 다 각자의 몸과 마음을 작용한 결과이기 때문에, 과거에 자기가 지은 바를 현재에 받게 되고, 현재에 지은 바를 또한 미래에 받게 되는 것이며, 짓지 않고 받는 일은 하나도 없는 줄로 알아야 한다"고 하셨습니다.

또 "어리석은 사람들은 고난을 억지로 면하려 하나, 지혜 있는 사람은 이미 지어 놓은 죄복은 다 편안히 받으면서 미래의 복락을 위하여 꾸준히 노력을 계속하는 것"이며 "같은 복을 짓는 중에도 국한 없는 공덕을 공중에 심어서 어느 때 어느 곳에서나 복록의 원천이 마르지 않게 하라."고 하셨습니다.

내가 진정으로 원하는 것이 무엇인지 잘 생각해 보고, 원하는 것이 확실해졌다면 그 원하는 것을 그림이나 글로 써서 잘 보이는 곳에 붙여놓고, 그 원을 이루기 위해서 되어지는 인과의 이치에 맞게 노력해서 복과 지혜 많은 사람으로 영생을 행복하게 살아가야겠습니다.

자기가 자기를 만드는 조물주이기 때문에, 안 되는 일에 매달려서 헛고생 하지 말고, 되는 인과의 이치에 맞게 노력해서 세세생생 잘 살아갑시다.

모든 사람에게
가장 급한 것

대종사 말씀하시기를 「모든 사람에게 천만가지 경전을 다 가르쳐 주고 천만 가지 선(善)을 다 장려하는 것이 급한 일이 아니라, 먼저 생멸 없는 진리와 인과 보응의 진리를 믿고 깨닫게 하여 주는 것이 가장 급한 일이니라.」

대종경 인과품 16장

1968년 8월 10일 밤에 전방 모 군부대에서 일어난 사건입니다. 내일 운행하려는 구급차가 고장이 났으니 저녁에 고쳐 놓으라는 중대장의 명령에 따라 이등병인 나까지 5명의 정비사와 공구계 육 상병까지 6명이 정비 창고로 모였습니다.

모인 6명의 병사는 작업을 시작하기 전에 구급차 주위에 모여서 담배를 피우며 한담을 나누고 있었습니다. 그때 울산 사람인 운전병 고참 한 상병이 초번 보초를 서기 위해서 가다가 모여 있는 우리들한테로 왔습니다.

보초는 어두워지면서부터 1시간 간격으로 서는데 대개 초번과 끝번은 고참들이 서고 새까만 졸병들은 중간에 서는데, 나는 그날 밤 2시에서 3시까지로 예정되어 있었습니다.

공구계 육상병도 한 상병과 같은 동기이면서 고참 상병으로 서로 너냐 나냐 하는 사이로 서로 기싸움을 하는 라이벌 관계였습니다.

한 상병이 처음에는 공구계 육 상병한테 담배 한 대 달라고 시작한 농담이 점점 거칠어지더니 못 준다 달라는 농담이 욕지거리로 변했습니다. 한 상병은 공구계 육 상병의 명치 약간 아래에 M2 반자동 총구를 들이대고 보란 듯이 총알 클립을 끼우고 총알을 장전하는 것이었습니다.

"야 임마, 내 손가락 까딱하면 바람구멍 난데이, 니 바람구멍 나고 싶나?"

그 순간 공구계 육 상병은 얼굴색이 백짓장처럼 창백해져서 입이 얼어붙었습니다. 함께 있던 다섯 명도 모두 입이 얼어붙어서 말없이 보고만 있는 가운데 무서운 침묵이 흘렀습니다.

큰 일이 벌어지는 것을 보고만 있을 수 없어서 나는 고참들의 일이지만 겁없이 중재에 나섰습니다.

"한 상병님! 장난이라고 하지만 너무 심하네요. 진정하세요."

내 말에 진정을 했는지 한 상병은 말없이 슬그머니 총구를 아래로 내려서 안심했는데, 총구를 내린 순간 "쾅" 하는 폭음과 함께 천지가 무너지는 아득함을 느꼈습니다. 순간적인 충격이 뇌 속까지 심하게 흔들리는 것 같았으며, 정비고 시멘트 바닥으로 내 몸이 허무하게 나동그라졌습니다.

순간 모두 사방으로 흩어져 뛰는데 또 한방의 총성이 울렸습니다. 나도 일어나서 도망가야지 하고 몸을 움직였는데, 어찌 된 일인지 일어 설 수가 없었습니다.

오른쪽 다리에 힘이 들어가지 않고 나의 의지와 상관없이 바짓 가랑이 끝에 통일화가 매달려 제 멋대로 움직였고, 몸부림치는 그 짧은 시간에도 "아차 내가 병신이 되었구나. 전무출신을 못하면 어떻게 하나?" 하는 걱정부터 생겼습니다.

그리고 약 4초, 5초가 흐르니 상상하기 어렵고 표현하기 어려운 엄청난 통증이 한꺼번에 몰려왔습니다. 트럭에 실려 한 시간쯤 달려 야전병원으로 가서 응급처치를 한 다음 세 시간을 달려 원주 육군병원에 도착했습니다.

정신을 잃지는 않았지만 엄청난 통증과 많은 출혈로 네 시간 이상 말로 다 표현하기 어려운 고통과 추위에 시달려야만 하였습니다.

원주 육군 병원에 도착하여 응급 처치와 주사를 맞으니 통증이 멎고 수혈을 통해서 피가 몸 안으로 흘러 들어오니 차차 추위가 가시고 살았다는 안도의 한숨을 쉬었습니다.

입원실에 들어간 며칠 후, 헌병 중사가 사고 조서를 받아가며 마지막으로 저에게 한 상병에 대한 '민사 형사상 처벌을 원하느냐'고 물었습니다. 나와 한 상병은 평상시 개인 감정이 없었고, 고의적인 사고가 아니었기 때문에 처벌을 원하지 않는다고 진술하였습니다.

한 상병을 벌 준다고 달라질 것도 없었고, 내가 받아야 할 업이라면 달게 받을 것이라는 생각이 들었습니다. 그래서 그 후로도 한번도 미워하거나 원망을 해본 적이 없습니다. 이것은 내가 대종사님 가르침인 불생불멸과 인과보응의 진리를 믿었기 때문입니다.

이와 같이 묵은 업력도 그치게 할 수 있는 말씀, 대종경 인과품 16장 '생멸 없는 진리와 인과보응의 진리'에 대하여 공부합니다.

불생불멸 인과보응

이 우주를 이루고 있는 원리는 생멸 없는 진리, 즉 불생불멸과 인과보응이고, 우리가 살아가는 일체 생활도 불생불멸 인과보응의 이치로 이루어진 것이기 때문에 이 이치를 아는 것이 무엇보다 시급한 일입니다.

이 불생불멸과 인과보응의 이치를 알지 못하면 세상 돌아가는 이치를 모르기 때문에 아무리 잘 살고 싶어도 세상을 잘 살아갈 수 없을 뿐더러, 우리 각자가 원하는 행복도 얻기가 어려운 것입니다.

불생불멸(不生不滅)

불생불멸은 생기지도 않고 없어지지도 않아서 영원하다는 말입니다. 이 세상 모든 만물에는 불생불멸과 인과보응의 원리가 있습니다. 이 원리원칙은 변하는 것이 아니고 영원한 것이며, 이 원칙에 따라 천지만물의 내용들이 변하는 것이므로, 불생불멸과 인과보응은 영원히 변하지 않는 원칙으로서 불생불멸이라고 하는 것입니다.

인과보응(因果報應)

인과보응은 원인이 있으면 반드시 받는 과보가 있다는 말인데, 변하지 않는 원칙 가운데 우리와 직접 관련이 있는 현실적인 원칙입니다.

1년 365일에 봄 · 여름 · 가을 · 겨울처럼 변함없는 계절은 불생불멸이며, 봄이면 새싹이 돋아 자라서 꽃이 피고 여름이면 만물이 무성하게 자라고 가을이면 열매가 맺고 겨울이면 동면에 들어가는 변화가 끊임없이 일어나는 것이 인과보응입니다.

그 변화 속에 농사를 짓는 농부가 열심히 일하면 수확 시기에 풍성한 수확을 거두는 것이고, 농부가 게으르면 빈약한 수확을 거두는 것은 변화의 이치에 따르는 인과의 원칙입니다. 이렇게 변하는 인과의 이치에 따라서 선업을 지은 사람에게 복이 돌아오고, 악업을 지은 사람에게 벌이 돌아오는 것입니다.

유와 무, 선과 악, 귀함과 천함, 강자와 약자 등 상대적인 세상은 모두 인과의 나타남입니다. 따라서 이 세상에 인과를 떠나서 존재하는 것은 아무 것도 없습니다.

불생불멸과 인과보응의 관계

불생불멸과 인과보응은 손의 앞뒤와 같이 한 이치입니다. 불생불멸과 인과보응의 이치가 서로 다른 것이 아니고 하나인데, 이 하나의 원리를 깨닫지 못한 사람들에게 알려주기 위해서 양면으로 나누어 설명을 하는 것입니다.

변하지 않는 원칙 가운데 변하는 이치가 포함되어 있는데, 변하는 이치를 인과보응이라고 합니다. 불생불멸과 인과보응의 규칙과 삼라만상의 현실은 둘이 아닌 하나의 진리인 것입니다.

불생불멸과 인과보응을 알면 좋은 점

제 경험을 말씀드렸듯이 불생불멸 인과보응을 아는 것은 악업을 그치게 하거나, 나의 행복을 창조하는데 기준이 됩니다.

생사에 편안하고 삶에 충실해진다.

먼저 생멸 또는 생사 관계를 살펴보겠습니다.

우리나라가 전 OECD국가 중에서 자살률이 가장 높다고 합니다. 자살하는 사람은 감정에 사로잡혀 현생과 보이는 현실에만 집착하거나 정신병으로 인해서 하는 극단적인 행위라고 합니다. 우리가 살아가는 생이 연속과 반복이라는 것을 알고, 자기가 저지른 모든 것은 자기가 책임진다는 것을 안다면 자살할 수 없습니다. 병적으로 일어난 행동은 어쩔 수 없지만, 누구나 불생불멸과 인과보응의 이치를 알게 되면, 생사의 의혹이 없어져서 편안하고 연속되는 삶을 위해 자기 삶에 충실하게 됩니다.

매사에 책임 있는 행동으로 사회가 편안해 진다.

사회적으로 큰 범죄는 영생을 믿지 않고 현실적인 욕구에 사로잡혀 있거나, 무책임한 피조물 사상에서 얽매어 생긴 일이 많습니다. 불생불멸과 인과보응으로 이뤄진 이 세상에서 자기가 한 행동에 대하여 모두 자기가 책임지는 자기 조물주라는 이치를 안다면, 사회적으로 지탄받을 범죄 저지를 사람이 적을 것입니다.

개인적으로 만족할 줄 알고 감사할 줄 알아서 어떠한 어려운 처지에 있다고 해도 희망을 잃지 않고 자기 현실에 맞는 행복을 스스로 찾아서 영생을 행복한 인생으로 창조해 나아갈 수 있습니다.

우리 영혼은 죽지도 낳지도 않고 한 없는 생이 계속되는 불생불멸이며, 한 없는 생에 천만가지로 다른 몸과 다른 얼굴로 나타나서 지은대로 받으며 각각 다른 생을 살아가는 것은 인과보응의 이치입니다. 불생불멸 인과보응의 이치가 있다는 것을 알아야 그 이치에 맞게 잘 살 수 있고, 잘 살아야 잘 죽을 수 있는 것입니다. 그래서 내가 살아가는 세상의 규칙인 불생불멸과 인과보응의 이치를 아는 것이 제일 급한 것입니다.

불생불멸 인과보응의 이치는 믿고 안 믿고와 상관없이 우주를 지배하는 원칙이며 변함없는 진리입니다. 세상을 잘 살아가고 내가 원하는 행복을 얻기 위해서는, 반드시 이 불생불멸과 인과보응의 원칙을 믿고 알아야 합니다. 대종사님께서는 이 원칙을 알아내는 마음 공부가 모든 것 가운데 우선적으로 해야 할 시급한 공부라 하셨습니다.

우리는 우주의 기본 원리인 불생불멸과 인과보응의 이치를 알아서 주어진 자기의 시간을 현재와 미래의 행복을 창조하는 조물주로 살아가야 하겠습니다.

복 받고 싶으면
복을 지어라

대종사 말씀하시기를 「어리석은 사람은 남이 복 받는 것을 보면
욕심을 내고 부러워하나, 제가 복 지을 때를 당하여서는 짓기를
게을리 하고 잠을 자나니, 이는 짓지 아니한 농사에 수확하기를
바라는 것과 같나니라. 농부가 봄에 씨 뿌리지 아니하면 가을에
거둘 것이 없나니 이것이 인과의 원칙이라, 어찌 농사에만 한한
일이리요.」

대종경 인과품17장

복을 받기만 하면 죄가 될까요? 이와 관련된 대종사님 법문이 있습니다.

원불교 초창 선진님 가운데 대종사님의 대각을 전후하여 수발을 한 이원화(李願華) 선진님과 이동진화 님 연원으로 제자가 된 김삼매화(金三昧華) 선진님은 평소에 인심이 후덕하기로 이름난 분들입니다.

두 분은 사람들에게는 말할 것도 없고, 짐승들에게 까지도 인정을 많이 베풀었습니다. 그래서 평소 교당에서 기르는 개나 고양이에게 까지도 밥을 많이 주었습니다. 이러한 사실을 알게 된 대종사님께서 법문을 해주셨습니다.

「개나 고양이가 아무리 귀엽다고 해도 함부로 밥을 많이 주지 마라. 교당에서 사는 개나 고양이는 후생에 사람으로 진급하기 쉽다. 그러나 분수에 넘치게 많이 얻어먹고 살면 후생에 사람이 되더라도 빈천보를 받게 된다. 지어놓은 것 없이 받기만 하는 것도 큰 죄가 되는 것이다. 그러니 원화나 삼매화가 진정으로 개나 고양이를 사랑한다면 밥도 적당히 주어야지 과분하게 많이 주어서는 안 될 것이다. 다시 말하면 빚쟁이를 만들지 말아야 하는 것이다.」

조금이라도 인과를 믿는 사람이라면 복을 지어야 복을 받는다는 것은 다 알 것입니다. 그러나, 보통사람들은 나만 편하고 나만 복 많이 받기를 원합니다. 하지만 복을 많이 받기만 하는 것이 반드시 좋은 일이 아니라는 것을 아는 사람은 많지 않습니다. 오늘은 복을 지어야 복을 받는다는 인과공부를 하도록 하겠습니다.

복 받는 원리

대종사님께서는 인과품 17장 법문에서 복 받는 원리를 「농부가 봄에 씨 뿌리지 아니하면 가을에 거둘 것이 없나니 이것이 인과의 원칙이라 어찌 농사에만 한한 일이리요.」 라고 농사에 비유하여 쉽게 설명하셨습니다. 농사나 복이나 이치가 같아서 짓지 않고 받는 복은 없다는 것입니다.

농사 지은 것이 없으면 가을에 수확할 것이 없는 것과 같이, 복은 지어야 받는 것이지 짓지 않은 복을 받을 수는 없는 것입니다. 법신불 사은님이나 하나님이나 귀신이 복을 주는 것이라면, 힘들고 어려운 마음 공부 수행이나 노동을 할 것 없이 무조건 복을 달라고 빌면 되겠지만, 나의 조물주는 나이고, 진리는 내가 정신·육신·물질로 지은 만큼만 되돌려 주게 되어있기 때문에, 짓지 않은 복은 받을 수 없는 것이며, 짓지 않은 죄를 받는 일도 없는 것입니다.

은행에 돈을 맡긴 사람이라야 돈을 찾을 수 있고, 이자도 받을 수 있으며, 돈을 빌려간 사람이라야 약정 이자를 낼 의무가 있는 것입니다.

이와 같이 죄와 복을 지은 것이 있어야 원금과 같은 벌이나 복을 받고, 이자와 같은 벌이나 복을 배당 받는 것입니다. 거래가 없는 무연고자는 근거가 없으므로 원금은 물론 이자를 주고받을 수 없는 것과 같이, 복이나 죄를 짓지 않는 사람에게는 복이나 벌을 줄 수 없는 것입니다. 그러므로 죄나 복은 반드시 지은 연고대로만 되돌려 받는 것입니다.

복을 받고 살려면?

남이 복 받는 것을 보면 욕심을 내고 부러워만 하지 말고, 복지을 때를 당해 부지런히 복을 지어야 합니다. 농부가 봄부터 씨 뿌리고 가꾸어야 가을에 수확할 것이 있는 것처럼, 지혜롭게 복을 지어놓기만 하면 반드시 내가 복의 결실을 받을 수 있습니다.

복을 받으려면 반드시 복을 지어야 하는데, 그렇다고 무조건 복을 짓기만 하면 되느냐? 그렇지 않습니다. 복은 지혜롭게 지어야 합니다.

때를 잘 맞춰서 복을 짓자.

복을 짓는 첫째 조건은 꼭 필요한 사람에게 꼭 필요한 복을 짓는 것입니다.

배 부른 사람보다 배 고픈 사람에게 밥을 주어야 적절한 복이 되는 것과 같이, 같은 사람이라도 상황에 따라서 필요한 것이 항상 다릅니다. 저는 지인에게 여러 차례 넥타이 선물을 받았는데, 교당 교화를 하면서부터 개량 한복을 주로 입으니까 비싸고 귀한 넥타이가 현실적으로 가치 있게 쓰여지지 못했습니다. 그러므로 복을 지을 때는 꼭 필요한 물품을 살펴서 주거나, 상대가 꼭 필요한 물품을 살 수 있는 현금이나 상품권을 주는 것이 더 좋습니다.

종교단체나 건전한 활동으로 장래 희망을 만들어가는 단체에 복을 짓는 것도 큰 복을 짓는 일입니다. 배 고픈 사람에게 밥을 줘야 큰 복이듯, 자원이 적은 중생들은 같은 복이라도 상황과 때를 잘 맞춰서 꼭 필요한 곳과 공중사업에 복을 지어야 큰 복을 받을 수 있습니다.

댓가를 바라지 않는 복을 짓자

큰 복은 상이 없는 복이라고 하였습니다.

대종경 변의품 28장에 내가 이렇게 베풀었으니 너는 나에게 무엇을 해 줄래 하고 상을 내는 보시는 비료를 땅 위에 뿌려주는 것과 같이 허실이 많고, 댓가를 바라지 않는 무념보시는 비료를 땅 속에 묻어준 것과 같이 허실이 없고 그 효과도 오래 간다고 하셨습니다.

복을 짓고 생색을 내거나 자랑을 하면 그 만큼 지은 복이 광고비로 소모되어버립니다. 간혹 마음 공부가 안 된 교도가 교당에 물질 회사를 한 후 교화에 큰 지장을 주는 것을 보기도 했고 전해 듣기도 했는데, 그것은 복을 지으려던 마음이 상 때문에 죄 짓는 마음으로 변해버린 것입니다.

전 세계적으로 가장 명예로운 상이 무엇입니까? 노벨상을 가장 명예로운 상으로 여깁니다. 교화단에 참석해 교무님들끼리

의견 교환을 하는 가운데 노벨상에 대한 이야기가 화제에 올랐습니다. 노벨상 선정 과정이 철저하다는 것을 상식선에서만 알고 있었는데, 독일에서 오랫동안 교화하던 교무님이 말하는 내용을 듣고 확실한 사실을 알게 되었습니다.

노벨상 비밀요원들이 전 세계에서 첩보활동을 하고 있는데, 이들은 시상 대상에 오른 사람들의 뒷조사를 철저히 한다고 합니다. 특히 아무리 훌륭한 일을 세상에 베푼 실적이 있는 사람이라도 상을 받을 욕심으로 자기가 한 일을 알리려고 노력하는 사람은 우선적으로 후보자 대상에서 제외한다고 합니다.

그동안 저는 노벨상을 받을 만한 사람이 왜 못 받을까 하는 의심을 했는데 그 이야기를 듣고 의심이 풀렸습니다. 사람이 상 하나 주는데도 자기를 드러내려고 상을 내는 사람은 배제하는데, 하물며 소소 영령한 진리는 복을 짓고 상을 내는 사람은 큰 복을 주는 대상에서 제외할 것은 당연한 이치입니다.

사은의 지중한 은혜에 보은한다는 마음으로 정신·육신·물질로 천지 만물에 보은 도리를 다 하면 천지 만물에게서 큰 복을 받게 될 것입니다. 복 지을 개인 대상도 기회가 주어지면 상 없는 마음으로 보시를 하고, 특히 같은 복이라면 공중사업에 상 없는 마음으로 보시하여 큰 복을 받자는 것입니다.

대상을 가려서 복 짓자

약자에게 복을 지어야 내가 약자가 되었을 때 복을 되돌려 받을 수 있습니다. 또한 복을 지을 때 그 대상을 가려서 복을 지어야 더큰 복을 받을 수 있습니다.

돈을 투자한 상대가 사업이 잘 되어야 본전도 찾을 수 있고 배당금도 받을 수 있는 것과 같이 정신·육신·물질로 상없이 복을 짓되 상대를 가려서 잘 될 가망성이 있는 사람과, 장래 희망이 있는 단체와, 선업을 행하는 단체에 복을 짓는 것이 좋습니다. 만일 악업을 통해서 이익을 추구하는 개인이나 단체에 투자하면 현행법에 걸려들어 망하는 것은 시간 문제이고, 내가 그 개인이나 단체가 죄를 짓도록 도운만큼 나도 벌을 받게 되는 것입니다.

그러므로 정신·육신·물질로 복을 지을 때는 대상을 가려서 장래성이 있는 개인이나 단체에 투자를 해야 온전히 복을 받을 수 있습니다. 원불교, 불교, 천주교, 개신교에서 교화·교육·복지의 각종 사업을 하기 때문에, 이런 곳에 투자를 하면 내생에 돌려받기도 쉽고, 혹 내가 묵은 업보로 희망이 없는 상태가 된다고 하더라도, 교화·교육·복지기관에서 구제를 받을 수 있는 길이 열리게 될 것입니다.

인과의 이치는 복 지은 사람에게는 반드시 복을 돌려주고, 죄지은 사람에게는 반드시 벌을 돌려주는 것입니다. 보통 사람들은 손가락으로 세숫물을 튕겨가며 편한 대접을 받고 풍요한 물질 받기만 원하는데, 대종사님께서 그것이 죄짓는 마음이라고 일러주셨습니다.

인과의 세계에서 공짜는 없습니다. 중생의 입장에서는 정신·육신·물질 자원이 부족하니까, 마음 공부를 부지런히 하면서 때를 잘 맞춰서 복을 짓는 일이 중요합니다. 댓가를 바라지 않는 복을 짓고, 진급하는 사람이나 공중 사업에 복을 지어서 적은 자원을 가지고 큰 결실을 얻는 삶을 살아야 합니다.

이것이 가난한 중생이 복을 잘 지어서 잘 사는 지름길입니다.

지어놓은 것이 없으면
받을 것도 없다

대종사 말씀하시기를 「사람이 제가 지어 놓은 것이 없으면 내생에 아무리 잘 되기를 원하여도 그대로 되지 아니하는 것이, 비하건대 현생에서도 아무리 좋은 집에 들어가 살고 싶으나 자기의 집이 아니면 들어가 살 수 없는 경우와 같나니라. 공칠(公七)이를 보라! 이리(裡里) 역에 내리면 몇 층 양옥이 즐비하되 그 집에는 감히 들어가 볼 생심도 못 하고, 그 찌그러진 자기 집에만 찾아들지 아니하는가. 이것이 곧 자기가 지어 놓은 대로 가는 실례이며 지어 놓은 그대로 받는 표본이니라.」

대종경 인과품 18장

익산역 앞이 대단한 번화가는 아니지만, 대종사님 당시 이리 역 앞은 몇 층 양옥이 늘어서 있는 유일한 번화가였습니다.

지금은 볼 수 없지만, 1967년 경 제가 이리역에서 내려 총부를 걸어 다닐 때까지만 하더라도 빌딩 뒤에는 누더기 같은 집이 많이 있었습니다. 현재의 익산역 주변 모습은 1977년 11월 11일 오후 9시 15분 신 모씨의 부주의로 화약열차 폭발사고가 난 이후의 모습입니다.

인과품 18장 법문은 지금도 어느 도시에서나 쉽게 볼 수 있는 아파트 뒤 초라한 개인주택에 사는 사람이 아파트에는 들어가지 못하고 뒤에 초라한 자기 집으로 들어가는 것과 같은 상황을 설명한 말씀입니다.

어느 왕이 신하들을 불러 "너희들은 지금부터 백성들이 살아 가는데 필요한 성공의 비결에 관한 책을 써오너라."하고 엄명을 내렸습니다.

몇 달 후 신하들이 제각기 심혈을 기울여 책을 지어 왔는데 그 분량이 한 수레는 족히 되었습니다.

왕은 다시 명령을 내렸습니다.

"이래서야 바쁜 백성들이 어느 시간에 이 책을 다 볼 수 있겠는가? 한 권으로 압축해 오너라."

기일이 되어 신하들이 책 한 권을 가지고 왔는데, 그 역시 두툼한 분량이었습니다.

그러자 왕이 또다시 명령을 내렸습니다.

"시간이 없는 백성들이 언제 이 두꺼운 책을 다 볼 수 있겠는가? 한 마디로 요약해 오너라."

그래서 신하들이 요약하고 또 요약하여 왔는데 그 한마디는 "세상에 공짜는 없다." 였습니다.

만고불변의 원칙인 공짜가 없는 인과의 세계를 함께 공부합시다.

공짜가 없는 인과의 세계

'사람이 제가 지어 놓은 것이 없으면 내생에 아무리 잘되기를 원하여도 그대로 되지 아니하는 것' 이라고 밝혀주신 바와 같이 공짜가 없는 것이 우리가 살고 있는 인과의 세계입니다.

남이 복 받는 것을 보면 부러워하면서도 본인은 복을 짓지 않고 빚지고 살면, 그 결과는 18장에 지적하신 바와 같이 자기 집이 아니면 아무리 좋은 집에 들어가 살고 싶어도 들어가 살 수 없는 것과 같습니다.

요점을 정리하자면, 짓지 않은 복을 원한다고 복이 돌아오는 것이 아니므로 복을 받고 싶으면 복을 지으라는 것입니다. 오늘은 복 받는 방법을 함께 공부해 보겠습니다.

복 받는 법

현명하게 복을 짓는다.

현명하게 복 짓는 방법은 꼭 필요한 곳에 복을 짓고, 가능하면 대중에게 복을 짓고, 장래 희망이 있는 사람에게 복을 짓고, 좋은 일을 하는 단체에게 복을 짓는 것입니다.

그러나 우리가 사는 현실을 살펴보면, 대부분의 사람들이 몸에 병이 나서 병원에 가서 치료를 받아야 될 정도로 많이 먹고 많이 마십니다. 먹는데 돈 낭비하고, 치료비로 돈 낭비하고, 나빠진 건강을 회복하는데 돈 낭비하면서, 정작 건강 관리나 장래에 돌아올 복 짓는 데는 인색합니다. 이와 같이 지혜롭지 못하면 잘 한다고 하는 것이 죽을 일, 망할 일, 가난해질 일, 낭비하는 일만 하게 됩니다.

마음 공부로 현명하게 살아야 지혜롭게 복을 지으며 살 수 있습니다. 복 받으며 잘 살고 싶으면 복을 낭비 하는 주색잡기부터 금하고 마음 공부를 시작해야 합니다. 마음 공부로 지혜가 솟아나야 현명하게 복을 짓고 살 수 있는 것입니다.

진정성이 있는 복을 짓는다.

저는 결혼해서 정토와 함께 대종사님께서 알려주신 이소성대 근검절약 정신으로 열심히 살았습니다. 지금은 부자라고 할 수는 없지만 경제적으로 먹고 사는 데는 지장이 없습니다. 그러나 결혼해서 10년을 넘어서기 전까지는 경제적으로 어렵게 살았는데, 그 당시 우리 부부를 챙겨주기 위해 찾아준 분들은 나보다 경제적 여유가 있는 분들인데 검정 비닐봉지에 성의 없이 가지고 온 물건을 받고서 나를 무시한다는 생각에 마음의 상처를 받았다. 지금 생각하면 웃으며 넘어갈 일도 당시에는 자격지심으로 심각하게 받아들였던 일이 많았던것 같다.

　제 경험으로 보면 있는 강자가 없는 약자의 입장을 고려하지 않고 주고 싶은 대로 주면 자칫 약자에게 상처를 줄 수도 있습니다. 받는 사람의 입장을 생각하지 않고 가식이나 우월감으로 강자에게 아부하고 약자를 무시하는 진정성이 없는 복을 짓는 것은 오히려 죄가 될 수 있습니다. 기왕 복을 지을 것이라면 받는 사람의 입장을 배려하는 진정성이 있는 복을 지어야 큰 복이 될 수 있습니다.

　천지 같은 복을 짓자.

　큰 복은 천지 같이 상 없는 복을 짓는 것입니다.

　우리들의 삶을 살펴보면 자기를 자랑하기 위해서 살아가는 것 같은 착각을 일으키게 합니다. 그것은 인간의 본능이 남에게 사랑 받고 인정 받기 위해서 살아가기 때문입니다. 본능이 생존의 욕구이기 때문에 나쁜 것은 아닌데, 이기적이고 위선적인 것으로 본능을 부풀리기 때문에 죄악으로 변하는 것입니다.

　우리는 법신불 사은으로부터 1초도 없어서는 살 수 없는 무진장의 은혜를 입고 살아갑니다. 그러므로 이 은혜 입은 내역과 보은의 도리를 배워야 하고, 실천을 해야 보은자가 될 수 있습니다.

보은의 방법은 천지가 우리에게 베풀어 주시는 그 도리를 실천하는 것입니다. 큰 복은 댓가를 바라는 마음이 없이 오직 의무를 이행하고, 보은하는 도리를 실천하는 것 뿐입니다.

천지처럼 한결 같이 지속적으로 계산적이지 않고 무념으로 내 가족 내 형제를 대하듯 정신·육신·물질로 행하는 불공이 부처님의 불공법입니다. 이렇게 천지와 같은 복짓는 것을 부처님의 대자대비라 하고 무념보시라고 합니다. 그래야 법신불 사은으로부터 큰 복을 받고 살 수 있는 것입니다.

인과품 15장에서는 "복은 누가 주는 것이 아니라 내가 짓는 것이다."라고 하였고, 인과품 16장에서는 "불생불멸 인과보응의 이치를 아는 것이 시급하다."고 하였습니다. 인과품 17장에서는 "남이 복 받는 것 부러워만 말고 직접 복을 지어라."고 하였고, 인과품 18장에서는 "지은대로 받는다."고 하셨습니다.

복은 누가 주거나 어디서 오는 것이 아니라 모두 내가 만든 것이며, 현재의 나타난 결과는 내가 전생이나 현생에 지은대로 받는 실례를 설명한 것입니다.

보통 사람들은 짓고 받는 인과이치를 모르기 때문에, 남이 복 받는 경우를 보면 부러워 하고, 정작 자기가 복 지을 경우를 당하면 눈 앞의 이해 관계만 따져서 피하기 바쁩니다. 혹 과거에 지은 것이 있어서 복 받는 일을 당하면 자랑하기에 바쁜데, 자랑하면 사방에 시기·질투·도적·살인강도·사기꾼·마귀의 눈과 귀가 있어서 그런 기회를 놓치지 않고 침범하여 나를 다치게 합니다.

그러므로 복 지을 경우를 당하면 주저하지 말고 계속 지어놓아야 점차 앞길이 열리고 복이 돌아올 수 있습니다. 또한 복 받을 일이 돌아오면 사사롭고 간사한 곳으로 흘러가지 않도록, 있어도 없는 척, 잘 나도 겸손하며, 알아도 모른 척해야 마귀가 침범하지 않습니다. 돌아오는 복을 공중에 나누고 약자에게 나누면서 살면 그 복이 이자가 늘어나는 현명한 복이 되어 영생을 풍요롭게 해주는 것입니다.

큰 복 짓는데 가장 중요한 것은 천지같이 상 없는 마음으로 보은도리만 행하는 것입니다. 접시 물처럼 속 보이는 살림살이를 하지 말고, 바다처럼 속이 보이지 않는 큰 복을 지어서 세세생생 풍요하게 살아갑시다.

복이 클수록
지킬 능력이 있어야 한다

대종사 말씀하시기를 「복이 클수록 지닐 사람이 지녀야 오래 가나니, 만일 지니지 못할 사람이 가지고 보면 그것을 엎질러 버리든지 또는 그로 인하여 재앙을 불러들이게 되나니라. 그러므로 지혜 있는 사람은 복을 지을 줄도 알고, 지킬 줄도 알며, 쓸 줄도 알아서, 아무리 큰 복이라도 그 복을 영원히 지니나리라.」

대종경 인과품 19장

구봉교당 개척교화를 시작한지 얼마 안 되었을 때 있었던 일입니다. 친분이 있던 모 교도님께서 조만간 5억이 생기는데 조언을 해 달라고 상담을 요청해와 가족에 대한 종합상담을 해준 일이 있습니다.

그 때 제가 종합한 가족의 문제를 인과의 이치에 따라 이르기를 남편은 밑 빠진 독과 같은 특성을 가지고 있어서 재산을 지키지 못할 것이니까 절대 남편 앞으로 무슨 사업을 하면 안 되고, 하더라도 꼭 부인의 앞으로 사업을 하라고 일렀습니다.

그런데 가사 주도권을 가진 남편이 일확천금하려는 허황된 마음으로 주식 선물에 손을 대서 1년 동안에 그 5억을 다 날리고, 살고 있던 3억짜리 아파트도 담보 대출로 돈을 빌렸다가 못 갚으니까 경매로 날리고, 추가로 고리 빚을 얻어 갚지 못하니까 부부가 신용불량자로 전락하여 자기 집도 없이 10여 년을 월 세집을 전전하다가, 몇 년 전부터는 시숙 집에 얹혀 눈치를 보며 구차하게 살고 있다고 합니다.

혹 전생에 지은 복이 있어서 복을 받는다 해도 복 지킬 능력이 없는 사람은 그 복을 지키지 못하여 재앙으로 변하는 경우가 많습니다. 그러므로 복을 지을 능력도 있어야 하고, 복을 지킬 능력도 있어야 큰 복을 받을 수 있습니다.

이 세상에서 제일 큰 복을 받을 수 있는 자격이 있는 사람은 과거나 현재나 미래나 마음 그릇이 커서 육도 사생을 한 가족으로 알고 함께 나누며 사는 불보살들입니다. 과거나 현재나 미래나 육도 사생을 한 가족으로 알고 사는 불보살들은 아무리 복이 많아도 마음의 자유를 얻어 지킬 능력이 있기 때문에 넘치는 일도 없고, 지혜롭게 공중에 쓰고 약자를 돕는데 쓰는 것입니다.

복을 받는 능력과 복을 지킬 능력을 기르는 마음 공부에 대하여 공부합시다.

인과품 19장의 가르침

첫째는 복이 클수록 지닐 사람이 지녀야 오래 간다.

둘째는 능력 없는 사람이 복을 가지고 보면, 그것을 엎질러 버리든지 그로 인하여 재앙을 불러들이게 된다.

셋째는 지혜 있는 사람은 복을 지을 줄도 알고, 지킬 줄도 알며, 쓸 줄도 알아서, 아무리 큰 복이라도 그 복을 영원히 지닌다.

여기에서 말씀하신 과제는 지혜 있는 사람이 되는 것입니다.

지혜가 어떻게 생깁니까? 마음공부를 해야 생기는 것입니다. 수양을 해야 마음의 안정을 얻고, 교리 공부나 진리 연마를 해야 진리에 밝아지고, 교리를 실천하는 훈련을 계속해야 능력이 생깁니다. 과거에 지은 부정적인 업력을 소멸시킬 때까지 교리로 계속 훈련을 해야 자력이 생기는 것입니다. 교리를 알기만 하는 것이 아니라 훈련을 계속해서 욕심이나 감정을 버리고 마음을 자유자재로 쓰는 능력이 생겨야, 정의와 불의를 가려서 실천하는 능력이 길러지며 참다운 지혜로 주어진 복을 지킬 능력을 갖출 수 있습니다.

복을 잘 짓고, 잘 지키고, 잘 쓰는 공부

복을 잘 짓는 공부

복을 잘 지으려면 지혜가 있어야 합니다. 지혜 있는 사람이 되려면 교리 공부를 통해 기초부터 철저히 훈련해야 합니다. 큰 복을 잘 지으려면 대종사님께서 일러주신 교리 공부를 통해서 진리를 보는 지혜의 눈을 열어야 합니다.

교리가 어떻게 알아집니까? 경전 공부를 해야 교리가 알아지는 것입니다. 지혜 있는 사람이 되기 위해서는 먼저 교리공부를 동정간에 지속적으로 해야 지혜를 밝힐 수 있습니다.

한가할 때는 교전 읽기, 교전 쓰기, 교전 듣기, 교전 외우기 등의 공부를 합시다. 많이 읽고 쓰고 듣고 외우다 보면 교리를 통해서 진리를 보는 눈이 차차 밝아집니다.

바쁘게 활동할 때는 온전한 생각으로 잘 취사하는 공부심으로 산 경전 보는 삼학공부를 합시다. 모든 사물을 볼 때나 일 처리를 할 때 교리에 비춰 보고 교리에 대조해 보는 공부를 하면 정할 때 교전 공부하던 것이 확실하게 알아지고 작은 깨달음들이 쌓여가게 됩니다.

이렇게 동정 간에 교리공부를 지속해야 교리와 진리에 밝아져서 경계를 당하면 복을 잘 지을 수 있는 지혜가 솟아나는 것입니다.

복을 지키는 공부

복을 지키는 공부는 지혜가 있어야 되는 공부입니다. 동정 간에 교리와 내 마음과 천지만물을 보면서 연마하는 공부를 지속적으로 하면 일과 이치에 밝아져서 지혜가 커집니다.

교전은 일과 이치의 원리를 밝혀주신 경전이고, 교전 공부는 우리들에게 대소유무 시비이해로 펼쳐진 산 경전을 볼 수 있는 안목을 틔워주는 공부입니다.

큰 복을 짓거나 큰 복을 지키려면 우주의 대소유무 이치를 보아다가 인간의 시비이해를 건설하는 밝은 지혜의 눈이 마음 가운데 있어야 됩니다.

지혜가 어두운 어리석은 사람에게 복이 주어지면 그 복을 죄 짓는 일과 망하는 일에 사용하여 고통을 불러오기 쉽습니다.

지속적인 마음 공부로 지혜가 밝아져야 대소유무의 진리를 보아다가 인간의 시비이해를 바르게 건설할 줄 알아서 주어진 복을 잘 지킬 수 있습니다. 특히 큰 복을 지니고 관리하려면 교리를 연마해서 지혜가 밝아져서 몸과 마음을 자유하는 능력이 있어야 가능합니다.

교리 공부나 산 경전을 보는 연마를 동정 간에 계속해야 진리에 밝아지고 밝은 지혜로 받은 큰 복을 지킬 수 있는 능력이 생겨나는 것입니다.

복을 잘 쓰는 공부

복을 잘 쓰는 공부는 교리를 잘 훈련하는 마음공부로 삼대력을 얻어야 되는 공부입니다. 정신수양, 사리연구, 작업취사 공부를 동정 간에 지속적으로 훈련을 하여야 삼대력이 쌓여서 자연스럽게 지혜가 열리고 실천하는 능력이 커집니다.

교리 공부와 교리 연마를 통하여 삼대력(수양의 힘, 연구의 힘, 실천의 힘) 얻는 삼학공부는 실제 생활에서 큰 복을 잘 사용하는 능력을 기르기 위한 공부입니다.

원불교 교법은 실천에 중점을 둔 실용적인 교법이기 때문에, 삼학공부로 얻은 삼대력은 실제 생활에서 가는 곳마다 육근 동작이 은혜로 나타나게 하는 공부입니다.

실제 생활에서 당하는 곳마다 육근동작이 은혜로 나타나기 위해서는 교리를 실천하여 은혜를 생산하는 훈련을 지속해야 합니다. 실제 경계에서 큰 복을 잘 사용하는 훈련을 지속하는 능력이 있어야 주어진 복을 경계마다 잘 사용하는 능력이 나오는 것입니다.

경계마다 우리의 육근 동작을 할 때 온전한 생각으로 취사하는 훈련을 반복하여 저절로 잘 될 때까지 훈련을 해야 능이 나서 복을 잘 사용할 수 있습니다.

동정간 간단없는 삼학공부로 수양력, 연구력, 취사력의 삼대력이 쌓여야 육근 동작이 경계를 당할 때마다 정의 불의를 가려서 실천하는 능력이 나오는 것이며, 그래야 참다운 지혜로 주어진 큰 복을 지키고 키워가고 널리 은혜를 생산하는 능력을 가질 수 있습니다.

대종경 요훈품 1장에서 "마음공부가 모든 공부의 근본"이란 말씀을 해주신 것도, 중생이 복을 엎지르지 않고 온전하게 간직하려면 마음 공부를 해야 한다고 일러주신 말씀입니다.

대종경 인과품 16장에서 '천만가지 선을 가르치는 것이 급한 것이 아니라 불생불멸과 인과보응의 이치를 깨우쳐 주는 것이 시급한 일' 이라고 하신 것도, 자기에게 주어진 복을 온전히 간직하기 위해 꼭 알아야 할 기본원리를 일러주신 말씀입니다.

그러므로 큰 복을 짓고 지키고 큰 복을 잘 사용하려면, 큰 마음과 밝은 지혜와 정의를 실천하는 큰 능력이 있어야 합니다. 그 능력은 교리를 아는 공부와 교리로 펼쳐진 세상을 보는 공부와 안 것을 실천하는 공부를 할 때 길러집니다. 정신수양, 사리연구, 작업취사의 삼학공부를 지속적으로 해야 복을 잘 사용하는 능력을 얻을 수 있으며, 능력이 있어야 그 능력으로 불공을 잘 하여 큰 복을 짓고, 큰 복을 지키고, 잘 사용할 수 있는 것입니다.

사람이 정신수양, 사리연구, 작업취사의 마음 공부를 지속적으로 실천하면 마음 그릇이 커지고 몸과 마음을 관리능력이 커져서, 돈과 명예와 인연 복 받을 능력과 지킬 능력과 잘 사용하는 능력을 갖게 되는 것입니다.

사람이 돈을 쫓아가면 돈과 명예가 바로 잡히는 것 같지만, 결국에는 돈도 명예도 인연까지도 다 잃어버리고 맙니다. 그러나 사람이 마음 공부를 하여 도를 실천하면 돈과 명예와 인연이 자연히 다 돌아오는 이치가 있습니다.

우리 다 같이 마음 공부로 복을 잘 짓고, 주어진 복을 온전히

간직하고, 주어진 복을 잘 사용하여 세세생생 큰 복의 원천이 마
르지 않게 합시다.

부당한 명예는
본래 명예까지 잃게 한다

대종사 말씀하시기를 「어리석은 사람들은 명예가 좋은 줄만 알고 헛된 명예라도 드러내려고만 힘을 쓰나니, 그는 헛 명예가 마침내 자신을 해롭게 하는 화근인 줄을 모르는 연고라, 세상 이치가 실상 된 명예는 아무리 숨기려 하여도 자연히 드러나는 것이요, 헛된 명예는 아무리 드러내려고 힘을 쓰나 마침내 떨어지는 것이 사실이니, 그러므로 실상이 없이 말로 얻은 명예는 필경 말로 헒을 당하고, 권모술수로 얻은 명예는 권모술수로 헒을 당할 뿐 아니라, 원래 있던 명예까지도 타락하게 될 것이며, 따라서 심하게 되면 생명 재산까지 빼앗기게 되나니 어찌 미리 주의할 바가 아니리요.」

대종경 인과품 20장

조선조 광해군 때의 일입니다. 옥좌에 앉은 임금이 이성을 잃자 정사는 어지러워져 갔습니다. 벼슬도 실력보다 돈이나 인맥이 아니면 얻을 수 없었습니다. 남산 고을에 살던 한 젊은 선비는 수십 번이나 과거에 낙방을 했습니다. 결국 선비는 전답을 모두 팔아서 관직을 사기로 했습니다.

　우선 부패한 관리에게 많은 뇌물을 전해주고는 귀에다 대고 말했습니다.

　"저희 남산 고을에 기생이 하나 있는데 아주 예쁘게 생기고 시도 잘 합니다. 오늘 저녁에 일차 왕림하심이 어떨지요?"

　"나도 소문을 들어 알고 있네. 오늘 저녁에 가겠소."

　관리가 뇌물을 받았겠다, 기생 파티에 응하겠다고 하니, 선비는 벼슬을 따 놓은 것이나 다름이 없었기에 숨 가쁘게 집으로 달려와서 남산 기방을 찾아갔습니다.

　그런데 하필이면 그 날 그 기생이 부친상을 당하여 고향으로 떠나 버리고 없었습니다.

　당황한 선비는 저녁이 다 되자, 가슴이 뛰기 시작하였습니다. 선비는 궁리 끝에 부인을 불러 사정하기를 "여보! 이제 와서 어쩔 수 없구려. 날 한 번만 살려주는셈 치고 당신이 기생 대신 가야겠소. 암만 생각해도 당신의 미모가 수려하고 예쁘니 기생방에 가서 술만 따라 주구려. 이 사실은 당신과 나만이 아는 사실이지 않소, 부탁하오."

　이 말을 들은 부인은 아무 말 없이 장롱 속에서 옷을 내어 곱게 입고 남편을 불렀습니다.

"소첩은 이제까지 갖은 고생이 있어도 낭군님의 가슴에 청운의 꿈이 담겨져 있는 것을 긍지로 알고 살아왔습니다. 그 긍지 때문에 지난 날의 가난을 잊고 살 수 있었습니다. 그리고 낭군님이 벼슬길에 오르게 되면, 누구보다도 도덕성이 높은 관리가 될 줄로 믿었사옵니다. 그러나 이제 낭군님의 본성을 알고 보니 근본부터 도덕성이 썩어 있는 분이군요."

서릿발 같은 표정을 지은 부인은 이어서 "소첩이 배움이 적어 깊으신 뜻은 모르겠사오나 정치도 사람이 하는 것이 아니오리까? 당신 같이 도덕성이 썩은 사람이 높은 벼슬에 있으면 아랫사람들은 도둑이 되고 강도가 되는 법입니다. 도덕성을 짓밟으며 정치에 나서겠다는 당신 같은 사람은 아예 정치에 그림자도 비치지 않는 것이 좋을 줄로 아옵니다. 이것이 마지막 부탁입니다."

말을 마친 부인은 큰절을 올리고, 한강에 나가 투신자살을 하고 말았습니다.

그 부인은, 남편이 눈앞에 불이익이 돌아오더라도 끝까지 정의를 실천해서 양심을 지켜가는 것이 참다운 명예라고 꾸짖은 것이었습니다.

정치가 새롭게 변하여 명예로운 정치인들이 되고, 현명하고 명예로운 국민들이 되어 새로운 희망의 나라를 만들어 가면 좋겠습니다.

인과품 20장, 참다운 명예에 대하여 공부합시다.

헛된 명예

첫째는 실적이 없는 명예입니다. 헛된 명예는 아무리 드러내려고 애써도 떨어지는 명예라고 하였습니다.

둘째는 권모술수로 얻는 명예입니다. 권모술수로 얻은 명예는 있는 명예도 떨어뜨리고, 재산 생명까지 빼앗아 간다고 하였습니다.

참다운 명예

첫째는 실력과 실적이 있는 명예입니다. 실력과 실적이 있는 명예는 숨기려 해도 드러난다고 하였습니다.

둘째는 마음 공부로 얻는 명예로 대종사님이나 석가모니 부처님이나 예수님이나 공자님이나 노자님 같은 영원한 성현과 불보살의 명예입니다.

최고의 명예는 마음 공부로 얻는 명예다.

세상의 명예도 마음 공부로 얻자.

정산 종사님께서 법어 무본편 20장에 밝혀주시기를, '명예·지위·권리를 도(道)로써 구하면 죄도 짓지 않는 동시에 그것으로 복을 더 짓게 되며, 내가 응당히 수용할 만하고 그 자리에 앉을 만 하여도 사양하고 수용치 아니하면 이것이 또한 숨은 복으로 쌓이게 되나니, 복을 받아 버림은 곧 소모요, 아니 받고 베푸는 것은 곧 식리함이니라.' 라고 하였습니다.

명예가 좋고 나쁜 것이 아니라 도로써 구하여 쓰면 좋은 것이므로, 얻은 명예 지위를 쓸 때 마음 공부로 쓰고 지켜야 복도 짓고, 포부도 실현할 수 있고, 명예도 오래 지킬 수 있다고 하였습니다. 세상만사 마음 공부로 살아야 만사 성공이 있고 참다운 명예가 돌아옵니다. 그러므로 세상의 명예나 지위를 마음 공부로 누리면 좋은 명예가 된다고 하였습니다.

세상의 명예도 마음 공부로 지키자.

전 세계의 각 나라마다 위인으로 치는 분들이 있는데, 이 분들은 세월이 아무리 지나도 존경과 명예가 떨어지지 않습니다. 그분들은 자기 마음을 다스리며 주어진 명예를 사용했기 때문입니다.

예를 들면 이순신 장군이 강등하여 일개 말 먹이는 일을 할 때 마음 공부로 성심성의를 다한 것이 세월이 지나도 명예로운 일이 되듯, 우리는 어떠한 지위에 있더라도 주어진 지위를 마음 공부로 사용하여야 뒷사람이 칭송하는 참다운 명예가 되는 것입니다.

세상에서 얻는 명예는 나갈 자리, 멈출 자리, 물러날 자리를 알아야 얻은 명예가 손상되지 않습니다. 안 나갈 자리에 나가거나, 멈출 자리에 멈추지 못하거나, 물러날 자리에 앉아 있으면 본래 가지고 있는 본인의 명예도 없어지고 재산과 목숨을 잃을 수도 있습니다. 결국 헛된 명예는 본전도 건지지 못하는 것이기 때문에, 마음 공부로써 현명하게 명예를 지켜야 합니다.

　세상만사가 순간순간 선택입니다. 선택을 잘하면 명예를 지키고, 선택을 잘 못하면 명예를 잃게 됩니다. 순간의 선택을 잘하려면 멈추는 마음 공부를 잘해서 우주의 대소유무 이치에 맞게 인간만사 시비이해를 잘 가릴 능력이 있어야하는 것입니다.

　마음 공부가 안 된 사람은 욕심으로 세상을 보기 때문에 시비는 놔두고 이롭고 해로운 것에 눈이 어두워 이곳만 쫓아갑니다. 그러다보면 부당한 이득에 올가미가 채워져 시비를 가리는 법정에까지 가서 재산과 명예를 모두 잃게 되는 것입니다.

　일상 처사에서 시비를 먼저 가리는 사람은 마음 공부를 잘 하는 사람이고, 이해를 먼저 가리는 사람은 마음 공부를 잘 하지 못하는 사람입니다.

영원한 명예는 마음 공부로 얻은 능력

　'세상 이치가 실상 된 명예는 아무리 숨기려 하여도 자연히 드러나는 것'이라고 하였습니다. 대종사님이나 과거 모든 성인들의 명예는 세월이 흐를수록 더욱 빛나는 것을 알 수 있는데, 이 분들은 바로 마음 공부로 실상된 명예를 얻었기 때문에 세월이 갈수록 빛나는 명예가 되는 것입니다. 이 세상에서 최고의 명예는 마음 공부로 얻는 불보살의 명예입니다.

대종사님께서 다른 회상에서 100년 공부할 것을 우리 회상에서는 1, 2년이면 할 수 있다고 하셨습니다. 그 이유는 교리와 제도, 훈련, 일상 생활까지 모두 마음 공부로 할 수 있도록 물샐틈없이 교리 제도를 짜 주셨기 때문입니다. 우리 교리가 실천만 하면 모두 여래위에 오르는 프로그램으로 이루어졌기 때문에 믿고 실천하면 자연 여래부처님이 되는 것입니다.

중생 팔자를 불보살의 팔자로 고치고 싶다면 하루에 잠깐만이라도 시간을 내서 유무념 대조부터 마음 공부를 시작합시다. 제가 실천을 해보니 좋은 효과를 보았기 때문에 권합니다.

원불교 만나는 것을 쉽게 생각할지 모르지만, 대종사님 일원대도 만나는 것은 삼세 윤회에서 대단히 만나기 어려운 기회입니다. 이런 기회 만났을 때 큰 믿음을 내서 대종사님 정전 마음 공부로 영원한 명예를 얻어야 하겠습니다.

마음 공부로 참다운 명예를 얻어 행복하게 살자.

어버이는 영원한 어버이인데 그 이유는 다 주고도 상을 내지 않고 주는 불보살의 대자대비가 있기 때문입니다. 단지 부모의 사랑이 불보살과 다른 것은 그 대자대비가 자식에게만 한정되는 것이 다를 뿐입니다.

그러나 불보살들은 마음 공부로 진리를 깨달았기 때문에 육도 사생을 모두 대자대비로 사랑하시는 것입니다. 세상이 불보살 성현을 받드는 것은 국한 없는 큰 사랑을 베풀고 상을 내지 않기 때문입니다.

　우리 모두 마음 공부로 무념무상의 공덕을 쌓아서 욕심내지 않아도 복과 명예가 저절로 돌아오는 참다운 명예를 세세생생 얻어 행복하게 살아갑시다.

복 줄 능력도 없으면서
복을 지으라 한다

한 걸인이 김기천에게 복을 지으라 하매, 기천이 묻기를 ”내가 복을 지으면 그대가 나에게 복을 줄 능력이 있느냐.” 하니, 그 걸인이 대답하지 못하는지라, 기천이 말하기를 “ 어리석은 사람들은 흔히 제 개인이 살기 위하여 남에게 복을 지으라 하니, 그것이 도리어 죄를 짓는 말이 되리로다.” 하였더니 대종사 들으시고, 말씀하시기를 「기천의 말이 법설이로다. 세상 사람들이 복을 받기는 좋아하나 복을 짓는 사람은 드물며 죄를 받기를 싫어하나 죄를 짓는 사람은 많으니, 그러므로 이 세상에 고 받는 사람은 많고 낙 받는 사람은 적나니라.」

대종경 인과품 21장

제가 어렸을 때 가끔 누나 집에 놀러 갔는데, 그 때 누나가 살던 집은 전라북도 전주와 진안을 연결하는 도로 중간에 위치한 시외버스 정류장 가게 바로 옆집이었습니다.

동네 전체가 약 10여호 쯤되는 작은 동네였는데, 어느 해 누나 집에 갔을 때 누나는 걸인들이 세 들어 산다는 그 집을 알려줬습니다. 해질 무렵, 세 들어 산다는 집으로 한 번도 보지 못했던 평범한 30~40대로 보이는 남자들이 몇 명 드나드는 것을 보았는데, 그 사람들이 직업적으로 구걸하는 걸인들이라고 하였습니다. 낮에는 모두 버스 타고 각지로 흩어져서 동냥하고, 저녁에는 돌아와서 깔끔한 옷으로 갈아입고 생활을 하였는데, 그들이 누나 옆집 구멍가게에 무얼 사려고 여러 명이 함께 왔을 때 살펴보니 동네 사람들과 다를 것이 하나도 없었습니다.

그 후 그들은 각자 논밭을 사고 자립했다고 누나에게 들었습니다. 저는 그 당시 이렇게 자립하려는 사람들은 동냥 하는 것이나 동냥 주는 것이 나쁘지 않는 일이라고 생각하였습니다.

걸인들의 동냥철학을 책에서 읽었는데, 착한 사람은 동냥을 주지 않고, 오히려 걸인을 경멸하는 사람이 우쭐대며 돈을 던져 준다고 합니다.

동냥 주는 사람이 대부분 복 받으려고 주는 사람은 없겠지만, 동냥이 동정인지 아니면 그들을 더 무력하게 만드는 것인지 걸인에게 주는 동냥의 문제점을 통해 공부해 봅니다.

나의 이익을 위해서 남에게 복 지으라고 하는 것은 이기적인 말이고 죄짓는 말입니다.

자신은 놀면서 남의 덕에 편하게 살려고 하는 사람들이 있습니다. 하지만 복을 받는 부자가 그 복을 혼자 차지하지 않고 나누어주고 나누어 주지 않는 것은 부자 조물주의 권한입니다.

말 말 말

걸인이 무심코 내뱉은 복 지으라는 말처럼 이 세상에는 무의식 중에 생각을 표현하는 많은 말들이 있는데, 그 말에는 죄 짓고 복 짓는 많은 진리가 담겨 있다는 것을 알아야 합니다. 그렇다면 그런 말들에는 어떤 의미가 담겨 있을까요?

죄를 짓는 말(이기적인 말)

남을 해치면서 까지 자기 이익만을 취하는 말들은 죄짓는 말들입니다. 우리들의 일상을 살펴보면, 잘못을 범하고 나서 그 잘못을 반성하거나 사죄하는 것이 아니라, 그것을 자기 합리화시키고 양심을 속이며 거짓말을 하는 경우가 많습니다. 한 걸음 더 나가는 사람은 자기의 잘못을 권모술수로 남에게 덮어 씌우는 말을 하기도 합니다.

이러한 경우 처음 잘못에다 추가로 죄를 짓는 말까지 합하여 이중 삼중으로 죄를 짓게 됩니다. 벌을 받는 중 또 잘못을 저지르면 중복해서 받는 가중처벌이란 벌이 있는데, 진리적으로도 반성이 없고 원망하고 남에게 덮어씌우면 괘씸죄까지 더하여 삼중 사중의 가중처벌을 받게 될 것입니다.

죄를 짓는 말의 근본은 자기만 유익하게 하려는 이기적인 마음에서 죄 짓는 이기적인 말이 나오게 되는 것입니다.

복을 짓는 말(더불어 사는 말)

말 한마디로 천냥 빚을 갚는다는 말이 있습니다. 잘못을 했어도 "죄송합니다"라고 진심어린 사과를 하고 진심 어린 참회를 하여 그 진정성이 상대에게 전달되면 잘못의 정도에 따라 그 죄를 용서받을 수 있습니다.

신심이 있고 마음을 다스리는 공부심이 있어야 참회도 하고, 사과도 하고, 감사할 줄 압니다. 진정성이 있는 말이 복을 짓는 말입니다. 남을 위하는 마음을 갖게되면 남을 위하는 말이 나와서 복 짓는 말을 하게 됩니다. 복 짓는 말 중에 최고는 "감사합니다"이며, 이 말은 만복을 불러오는 말입니다.

원불교 신앙생활의 핵심은 감사생활입니다. 법신불 사은에 깊은 신심과 공부심이 있어야 법신불 사은의 절대적인 은혜를 알아서 원망할 일도 감사하게 되는 것입니다.

나에게 좋은 일이 돌아오면 감사하고 나에게 나쁜 일이 돌아오면 원망하는 것은 이기적인 마음에서 나오는 것입니다. 계산적이고 진리를 대상으로 흥정하는 것이지 속 깊은 원불교 신앙생활은 아닙니다.

정전 사대강령 지은보은에서 "원망할 일이 돌아와도 근본적인 은혜를 발견하여 감사하라"고 밝혀 주셨습니다. 감사하는 마음을 표현하는 감사생활은 최고의 복 짓는 말입니다.

복 짓는 말 하는 공부

제가 공부하면서 유무념 대조를 해 보아도 복 짓는 말만 하기는 대단히 어렵습니다. 어렵다고 해서 내가 벌 받을 말을 하고 살자는 것은 아닙니다. 어렵지만 유무념 대조를 하면 죄짓는 말이 차차 복 짓는 말로 변하고, 정의로운 말을 많이 하게 됩니다. 그러므로 기왕 하는 말이면 가능하면 복 짓는 말을 하는 공부심으로 살자는 것입니다.

말하는 유무념 대조를 하자.
아무 생각 없이 본능대로 살게 되면 그동안에 들어온 악한 습관으로 인하여 죄짓는 말을 많이 하게 됩니다. 그것을 줄이기 위해서는 군대 정문 위병소처럼 마음에 검문소를 설치하자는 것이며, 검문소 설치가 다름 아닌 유무념 대조입니다.

검문소 설치를 했다고 해도 보초병이 졸고 있다든지 자리를 비우게 되면 미처 대응하지 못할 사고가 생기듯이, 유념하지 않으면 습관적인 육근동작으로 인하여 원하지 않는 죄를 짓게 됩니다. 그래서 보초를 철저히 서듯 챙기는 마음을 놓지 않는 것이 일단계 공부입니다.

다음 단계는 보초가 통과시켜야 될 사람과 제지해야 될 사람을 잘 구분해야 하듯이 유무념 대조로 할 말과 하지 말아야 될 말을 가려서 할 말만 하도록 하는 것입니다. 이것이 잘 했는지 잘 못했는지를 표준을 삼는 2단계 공부입니다.

긍정적인 말을 하고 살자.

말을 할 때 같은 표현이라도 긍정적인 말을 하고 살아야합니다. 부정적인 생각은 부정적인 말을 하고 부정적인 말은 부정적인 행동을 하게 됩니다.《물은 답을 알고 있다》의 저자 에모토 마사루는 실험을 통하여 기도를 하면 육각수 사진이 나오는 것을 증거로 제시했습니다. 긍정적인 생각은 허공 법계의 기운 가운데 긍정적인 기운을 모이게 해서 긍정적인 일이 생기게 만듭니다.

서울 어느 빌딩 옆에서 두 사람이 성실하게 구두닦이를 하며 사는데 언제나 한 사람은 일이 많고 한 사람은 일이 적었습니다. 어느 기자가 왜 그런지 이유를 밝혀내기 위해서 취재하며 자세히 살펴보니까, 일 많은 사람은 각 사무실을 돌며 "구두 닦으실 것 있습니까?"라고 하며 닦을 구두를 수거하고, 일이 적은 사람은 "구두 닦으실 것 없습니까?"라고 하며 닦을 구두를 수거하는 것이었습니다.

이와 같이 "있습니까?"라는 긍정적인 말은 복을 부르는 근본이 되기 때문에, 말의 습관을 들일 때 긍정적인 생각으로 긍정적인 표현의 말을 유념해서 하고 살아야합니다.

긍정적인 말 가운데 최고의 표현은 "감사합니다" 입니다. 항상 유념해서 감사한 마음으로 "감사합니다" 를 표현하고, 나아가 모든 말을 할 때 항상 유념해서 긍정적인 말을 하고 살아갑시다.

자기만 아는 이기적인 사람은 이기적인 마음으로 이기적인 말을 하며 이기적인 요구조건만 내세웁니다. 그리고 요구조건이 충족되지 않으면 세상을 원망하고 이웃을 원망하고 상대를 원망합니다. 이와 같이 어리석은 사람들은 인과의 이치를 모르니까 신이나 불상에 복을 구걸을 하며 복이 돌아오지 않는다고 원망을 하며 지옥을 살아갑니다.

복은 지은대로 받는 것이지 구걸한다고 오는 것이 아닙니다. 마음 공부 하는 사람은 마음을 챙기고 살기 때문에 같은 말이라도 복 짓는 말을 하고 복 짓는 행동을 하게 됩니다.

인과 이치는 주면 받고 받으면 주는 이치이기 때문에, 빚을 얻을 수는 있어도 구걸한다고 복을 받을 수 있는 것이 아닙니다. 불보살들은 이 인과의 이치를 알기 때문에 늘 감사하는 마음으로 긍정적인 말을 하며 복을 짓는 의무조건만 많이 지키기 때문에 항상 복록의 원천이 마르지 않아서 세세생생 풍요롭게 사는 것입니다.

인과의 이치는 복을 지어놓으면 자동적으로 필요할 때 받아 쓸 수 있도록 돌아오는 것이지, 공짜를 바란다고 해서 짓지 않은 복이 돌아오는 것은 아닙니다. 그동안 인과를 몰라서 오늘까지 요구조건만 가지고 살았으면, 지금부터라도 요구조건은 버리고 감

사한 마음과 말로 의무조건만 가져서 부지런히 복을 지어 돌아
오는 미래는 풍요하게 살아갑시다.

　다시 말해 공부심 놓지 말고 긍정적인 말과 행동으로 인과의
이치에 맞게 의무조건으로 살아서 복 많이 받고 살자는 것입니
다.

천벌을 받기 전에
악업을 그치라

대종사 말씀하시기를 「사람이 모든 악행을 방자히 하여 스스로
제재하지 못하면 반드시 사람이 제재할 것이요, 사람이 제재하지
못하면 반드시 진리가 제재하나니, 그러므로 지각 있는 사람은
다른 사람이 막기 전에 제 스스로 악을 행하지 아니하며 진리가
막기 전에 사람의 충고를 감수하므로, 그 악이 드러날 것을 겁내
어 떨 일이 없으며 항상 그 마음이 편안하나니라.」

대종경 인과품 22장

중국 춘추전국시대에 진나라에 '백기(白起)'라는 장군이 있었는데, 성격이 포악무도하여 사람 죽이기를 파리 목숨 보다 더 가볍게 여겼다고 합니다.

백기장군은 조나라와의 싸움에서 크게 이겼으나 맨손으로 투항하여 온 병졸 40여 만 명을 잔혹하게 모두 생매장해 버렸으므로 포악한 마음은 세세생생 갚아야 될 무서운 업력으로 남게 되었습니다.

그래서인지 백기장군이 죽은 뒤에 "사람들이 돼지를 도살하고 뜨거운 물에 넣고 털을 뽑아 버리면 거죽에 백기(白起)라고 쓰여 있는 것을 많이 볼 수 있었다"고 합니다. 그래서 사람들은 백기장군이 살인을 너무 많이 하였으므로 반드시 40만 번 짐승으로 환생하여 사람들에게 도살 당해야만 조나라 병졸들을 생매장한 업을 갚을 수 있다고 믿었다고 합니다.

법문에서 악행을 일삼는 사람에게 '사람이 모든 악행을 방자히 하여 스스로 제재하지 못하면 반드시 사람이 제재할 것이요, 사람이 제재하지 못하면 반드시 진리가 제재하나니라,' 고 경고의 말씀을 해주셨습니다.

특히 위험한 사람은 양심도 없고 그 악행을 제지할 사람이 없는 사람입니다. 지은대로 받는 인과의 진리를 모르는 사람은 자기에게 있는 권한과 능력을 총동원해서 죄를 범하는 경우가 있는데, 그 악행이 여러 사람의 입줄에 오를 정도로 심하면 그 때는 천벌이 따르는 것입니다.

세상 살다보면 천벌 받을 사람과 인연이 되어 어쩔 수 없이 같은 하늘 아래에서 함께 살아야 할 일은 있는 것이므로, 대종사님께서 일러주신 대로 천벌을 피하는 길을 공부해 봅시다.

삼 단계 제재하는 공부

천벌을 피하는 삼 단계 공부가 있습니다.

일 단계는 스스로 제재하는 공부입니다. 사람은 양심이 있기 때문에 자기 잘못은 누구보다 자기가 더 잘 압니다. 그런데 사람이 자기 양심을 속이는 일을 한 번 하고 두 번 하고 열 번 하고 백 번 천 번 일삼으면 악업의 업력이 쌓여서 그 양심마저 병들어 스스로 조절할 수 없는 단계에 이르게 됩니다. 스스로 억제하기 어려울 정도로 업력이 쌓이기 전에 스스로 양심의 제재를 하는 것이 현명한 처사입니다. 대개 이 정도에 그치면 큰 일은 없습니다.

이 단계는 사람의 제재에 따르는 공부입니다. 사람이 모든 악행을 방자히 하여 스스로 제재하지 못하면 반드시 사람이 제재할 것이라고 밝혀주셨습니다. 이 단계는 사람이 제재하는 단계이므로, 권한이 상대에게 있기 때문에 봉변을 당하더라도 참아야 하고 천벌을 피하기 위해서는 해오던 악행을 그치고 진실한 참회를 해야 합니다.

방자한 사람일수록 남의 말 잘 안 듣는데, 불행을 방지하려면 가까운 사람의 충고를 귀담아 들어 고쳐가는 길이 있습니다. 가까운 사람의 충고를 무시하면, 더 강한 상대가 나타나서 징계를 합니다. 이렇게 강자의 징계에도 고쳐지지 않으면, 법의 심판을 받게 됩니다.

삼 단계는 진리의 제재를 받아들이는 공부입니다. 사람이 제재하지 못하면 반드시 진리가 제재한다고 하였습니다. 우리 사회에는 많은 사람의 충고에도 아랑곳하지 않고 법 위에 군림하는 어설픈 권력자들이 나타나서 많은 국민을 괴롭게 하는데, 이 정도에 이르면 법으로 제재가 불가능하므로 천벌을 감수해야 합니다.

우리는 천벌에 대하여 하늘에서 내리는 천둥 번개가 사람의 감정처럼 즉시즉시 나타나는 것으로 잘못 이해하는 면이 있어서 천벌에 대하여 먼저 설명합니다.

진리가 하는 일을 사람의 감정처럼 잘못을 했다고 해서 바로 너 벌 받아라 한다고 벌이 내리는 것으로 이해해서는 안 됩니다. 전생에 많은 복을 지어서 현재 복 받고 있을 때는 한여름 삼복더위처럼 양 기운이 성할 때라 그 복을 다 받고 나서야 벌을 받게 됩니다. 양 기운이 점점 약해져서 서리 내리고 눈 내리는 때가 되면 만물의 생기를 거두어 가듯 음 기운이 발동을 할 때가 되어야 벌이 내리기 시작하는 것입니다.

만일 복 받고 죄벌 받는 것이 인간의 감정적인 생각과 같이 원칙 없이 바로바로 나타난다면 그것은 진리가 아닙니다. 복을 지었으면 복을 지은 만큼 받고, 악을 지었으면 악을 지은 만큼 벌을 받는 것이 만고에 변할 수 없는 원칙입니다. 그 업보를 받는 시기가 음양상승의 이치 따라서 다만 시기의 조만이 있을 뿐이지 반드시 지은대로 되돌려 받는 것은 만고에 변할 수 없는 원칙이라는 것을 명심해야 합니다.

마음공부는 행복을 창조하는 공부

우리가 하고 있는 대종사님 마음 공부법은 과거의 모든 죄벌을 청산하고 미래의 죄벌을 예방하고 나의 행복을 창조하는 공부입니다.

미래의 행복을 창조하기 위해서 가장 중요한 것은 신심입니다. 신심이 없으면 되는대로 살기 때문에 과거를 청산하지 못하고 악업을 반복할 수밖에 없습니다. 우리들을 바르게 살도록 인도해 주시는 대종사님 법을 의심 없이 무조건 믿고 실천을 해야 합니다. 그래야 진실된 참회를 하여 알고 또는 모르고 지은 과거의 악업을 청산하고 행복한 미래의 나로 창조해 갈 수 있는 것입니다.

원불교 신앙은 모 종교처럼 맹목적인 신앙이 아니라 천지 만물 허공 법계가 없어서는 살 수 없는 은혜의 터전으로 배워 알고 믿으며, 나의 죄와 복을 주재하는 조물주로 배워 알고 믿는 지혜로운 신앙입니다.

신앙에는 불공이 따르는데 눈·귀·코·입·몸·마음의 육근 동작을 천지 만물 허공 법계의 질서에 맞게 상생의 작용을 하는 것이 불공입니다. 그 불공의 능력을 길러서 내가 원하는 나를 창조해 가는 공부가 마음 공부이며, 마음 공부로 내가 나를 창조하기 때문에 내가 나의 조물주입니다. 그러므로 마음 공부가 모든 공부의 근본이라고 하는 것입니다.

대종사님께서 '지각 있는 사람은 다른 사람이 막기 전에 제 스스로 악을 행하지 아니하며 진리가 막기 전에 사람의 충고를 감수하므로, 그 악이 드러날 것을 겁내어 떨 일이 없으며 항상 그 마음이 편안하나니라.' 고 하셨습니다.

우리가 한없는 세월을 지내오면서 알고 또는 모르고 지은 악업이 태산 같을 것입니다. 만고에 둘도 없는 대종사님 일원 대도를 만났을 때 깊은 신심으로 참회하고 과거를 청산하여 새로 짓는 업은 선업만 지어서 천벌은 피하고 행복한 나의 미래를 창조해 가야겠습니다. 나의 행복을 창조해가기 위해서는 자기 조물주로서 불공 잘하는 능력이 있어야 되는데, 불공의 능력(조물주의 능력)을 기르는 마음 공부를 하자는 것입니다.

우리 다 함께 대종사님께서 일러주신 정전 마음공부로 자기를 돌아보는 일기공부, 유무념 대조공부, 참회공부, 기도공부, 경전공부, 계문 지키는 공부, 모두 통합해서 하는 삼학병진 공부를 하는 것이 우리가 천벌 받을 고통을 사전에 방지하는 나의 조물주 능력을 기르는 공부입니다.

우리함께 마음 공부로 영생의 행복을 창조하는 작업을 시작합시다.

대중을 속이면
천벌을 받는다

대종사 말씀하시기를 「작은 재주로 작은 권리를 남용하는 자들
이여! 대중을 어리석다고 속이고 해하지 말라. 대중의 마음을 모
으면 하늘 마음이 되며, 대중의 눈을 모으면 하늘 눈이 되며, 대중
의 귀를 모으면 하늘 귀가 되며, 대중의 입을 모으면 하늘 입이 되
나니, 대중을 어찌 어리석다고 속이고 해하리요.」

대종경 인과품 23장

'기계교'의 지령을 받아 두 딸을 살해한 비정한 사건이 2012년 04월 14일에 보도되었습니다. 모텔에서 두 자녀를 살해한 비정한 엄마는 알고 보니 '기계교'의 맹신자였습니다.

2012년 3월 9일, 경찰은 119 신고를 토대로 한 모텔에서 숨져 있는 10살, 7살 두 여자아이를 발견했습니다. 범인은 두 아이의 엄마인 권모씨였고, 당시 권 씨는 사채 빚에 시달리다 처지를 비관해 아이들을 살해한 후 자신도 스스로 목숨을 끊으려고 했다고 진술했습니다.

하지만 13일, MBN '현장르포 특종세상' 제작진에 따르면 엄마 권씨는 이른 바 '기계교'를 믿는 맹신자로, 이를 빙자한 한 여성의 지시를 따랐던 것으로 밝혀졌습니다.

'기계교'란 기계와 지식을 섬기는 것으로, 지령에만 잘 따르면 잘 먹고 잘 살 수 있다는 그릇된 믿음에서 출발한다고 합니다. 지령은 언제나 휴대폰 메시지를 통해 전달되는 게 특징. 권씨는 "처음에는 집 앞에 피자를 사다 놓으라는 등 사소한 지령이었지만, 갈수록 '잠을 재우지 마라' '소풍 보내지 마라' '역에서 노숙하라'는 등 고통을 가하는 심각한 내용으로 이어졌다"고 진술했습니다.

기계교의 교주를 사칭한 여성은 권씨가 자녀의 학부모회 활동을 하며 알게 된 동갑내기 여성이었습니다. 그는 권씨에게 실행하기 어려운 지령을 어길 때마다 벌금을 요구했습니다. 경찰 조사 결과, 권씨가 뺏긴 벌금만 2년 동안 1억4천만 원에 이르렀습니다.

역사적으로 대중을 속인 대표적인 악덕 인물로 히틀러를 말합니다. 히틀러는 국민을 속이기 위한 정책적 거짓말을 국민이 믿을 때까지 반복한 사람으로도 알려져 있습니다.

사이비 종교도 히틀러 못지않게 많은 대중을 속여서 많은 사람들을 곤경에 빠트리고 멀쩡한 바보들을 만들어 세상에 큰 피해를 줍니다. 인과품 23장에서는 작은 능력을 남용하여 큰 죄를 짓는 어리석음에 대하여 공부하겠습니다.

대종사께서는 법문에서 인과의 진리를 모르고 코 앞에 있는 작은 권리와 작은 이해관계 밖에 모르는 어리석은 사람들을 안타까워 하셨습니다. 그리고 하늘의 마음으로 판단하고, 하늘의 눈으로 보고, 하늘의 귀로 듣고, 하늘의 입을 통해서 말하면 그 말이 곧 천어라, 그 천어 중에 복된 천어를 많이 듣는 사람은 천복을 받을 것이며, 저주의 천어를 많이 듣는 사람은 천벌을 받게 될 것이라고 하셨습니다.

그러므로 대중을 통해서 나오는 말이 좋지 않은 말이면 무서워할 줄 알아야 천벌을 면할 현명한 사람입니다.

천벌

우리가 흔히 하는 말로 '귀신은 저런 사람 안 잡아 가고 뭐하는지 몰라' 라고 답답함을 토로합니다. 그러나 천벌을 받는 것은 다만 시간차의 문제이지, 천벌 받을 일을 저지른 사람은 언젠가 반드시 천벌을 받게 됩니다. 현생에 벌 받는 것을 보지 못했다고 업보가 없어지는 것은 아닙니다. 또한 큰 죄를 지어 받는 천벌은 그 과보를 여러 생에 나누어 받게 되므로, 현생에 죄 짓는 것을 보지 못했다고 해서 전생에 지은대로 받게 되는 천벌을 부정해서는 안됩니다.

천벌 받는 형태

첫째, 천벌 중에 대표적인 것이 천재지변입니다. 천벌을 받는 사례들을 보면, 태풍이라든가, 번개라든가, 지진이라든가, 폭우나 폭설이나 산사태, 또는 거대한 산불 등으로 불가항력적인 피해를 보는 일 등을 들 수 있습니다.

이와 같은 천재지변은 우리 주변에 헤아릴 수 없이 많습니다. 기상 이변으로 당하는 항공 사고나 해난 사고도 있고 다 지어놓은 농사가 태풍이나 우박이나 폭설 등으로 못쓰게 되는 경우도 있습니다.

둘째, 인간을 비롯해서 모든 생명체를 괴롭히는 것 중 하나가 병입니다. 그러나 이러한 병 중에는 쉽게 고칠 수 있는 병도 있지만, 현대 의학으로 해결이 안 되는 병이 있는데, 의학으로 해결이 어려운 이러한 난치병들도 피할 수 없는 천벌로 보는 것이 타당합니다.

셋째, 하는 일마다 결정적 순간에 좌절을 안겨주는 운명도 피할 수 없기 때문에 천벌이라 할 수 있습니다. 과한 욕심으로 잘

못한 경우는 본인 잘못이지만, 정당하게 최선을 다 해 잘 했는데도 국가 부도나 천재지변으로 나의 의지나 능력과는 상관없이 실패를 가져다 준다면 이것도 천벌이라고 할 수 있습니다.

이 외에도 우리 주변에서 일어나는 불가항력적이고 불가사의한 죄벌들은 참 많습니다.

그러나 자기가 지은 것을 자기가 받는 것을 알지 못하는 어리석은 중생들은 그 원인을 모르기 때문에 억울하게 생각하고 진리와 세상과 가까운 인연들을 원망합니다.

내가 받는 업보는 반드시 선악 간에 업을 지은 원인이 있는 것인데, 우리는 과거를 알지 못하기 때문에 불가항력, 불가사의라고 하며, 불가항력적이고 불가사의한 업보를 천벌이라고 하는 것입니다.

그러므로 천벌이라 하더라도 내가 지은 것이니까 감사한 마음으로 받아들이고 참회하는 사람이 현명한 공부인입니다.

대중을 무섭게 알고 대중의 뜻을 거스르지 말라는 것이 대종경 인과품 23장의 요지입니다.

마음 공부를 하여 천권을 빌려 쓰는 불보살의 능력에 비하면, 인간의 권력은 작은 권력입니다. 수많은 생을 살아오면서 잠깐 동안 잡은 작은 권력을 가지고 큰 죄를 지어서 세세생생 천벌을 받는다면 얼마나 후회스럽고 억울한 일입니까?

우리는 대종사님께서 일러주신 마음 공부로 천권을 잡아서 상생의 큰 복을 많이 짓고, 세세생생 한량없는 지혜와 한량없는 천

복을 누리고 살아야 하겠습니다. 아울러 국민도 대종사님 마음 공부로 현명해지고, 위정자들도 대종사님 마음 공부로 현명해져서, 작은 권리라도 잘 사용해서 다 함께 행복한 나라에서 다 함께 행복하게 잘 살기를 기원합니다.

진급자와 강급자

총부 부근의 사나운 개가 제 동류에게 물리어 죽게 된지라, 대종사 보시고 말씀하시기를 「저 개가 젊었을 때에는 성질이 사나워서 근동 개들 가운데 왕 노릇을 하며 온갖 사나운 짓을 제 마음대로 하더니, 벌써 그 과보로 저렇게 참혹하게 죽게 되니 저것이 불의한 권리를 남용하는 사람들에게 경계를 주는 일이라, 어찌 개의 일이라 하여 범연히 보아 넘기리요.」 하시고, 또 말씀하시기를 「사람도 그 마음 쓰는 것을 보면 진급기에 있는 사람과 강급기에 있는 사람을 알 수 있나니, 진급기에 있는 사람은 그 심성이 온유선량하여 여러 사람에게 해를 끼치지 아니하고 대하는 사람마다 잘 화하며, 늘 하심(下心)을 주장하여 남을 높이고 배우기를 좋아하며, 특히 진리를 믿고 수행에 노력하며, 남 잘되는 것 좋아하며, 무슨 방면으로든지 약한 이를 북돋아 주는 것이요, 강급기에 있는 사람은 그와 반대로 대하는 사람마다 잘 충돌하며, 자만심이 강하여 남 멸시하기를 좋아하고 배우기를 싫어하며, 특히 인과의 진리를 믿지 아니하고 수행이 없으며, 남 잘되는 것을 못 보아서 무슨 방면으로든지 자기보다 나은 이를 깎아 내리려 하나니라.」

대종경 인과품 24장

의정부교당 조소빈 교도의 입교소감을 듣게 되었는데 정말 감동적이었습니다.

남편 관산 권성천 교도는 원불교 입교 후에 교법에 심취되어 사업관계로 독일과 한국을 오가는 바쁜 생활 속에서도 마음 공부에 열성을 보이는 교도님입니다.

일반적으로 해병대 출신이라고 하면 보통사람들보다 특별하다고 인식되는데, 조 교도는 해병대 출신 남편과 결혼생활에 불편한 점이 많았다고 합니다.

그런 남편이 원불교에 나가면서부터 달라지기 시작하여 지켜보았는데, 해가 갈수록 원불교 각종 활동에 참석하며 점차 성격과 습관이 좋게 바뀌어가고 가정을 살피는 자상한 남편으로 바뀌어가더라고 하였습니다.

그래서 사람을 달라지게 하는 원불교가 어떤 곳인지 호기심이 생기기 시작했고, 원불교 교전도 조금씩 읽어보고 남편 따라 교당법회도 참석해보면서 원불교가 합리적인 좋은 종교라는 것을 알게 되었다고 했습니다.

조소빈 교도는 제가 의정부교당에서 교화를 할 때 교당 일에 자발적으로 관심을 가지고 소리 없이 주인이 되었으며, 생활비를 아껴 교당에 필요한 에어컨을 사 주기도 하였습니다.

조소빈 교도는 공과 사를 뛰어넘는 공심과 진급할 마음을 가진 지혜 있는 여장부였습니다.

첫째, 남편이 사업으로 어려울 때 적극 나서서 해결을 하였고, 둘째, 남편 사업이 잘 될 때는 미래를 위해서 부동산에 투자를 하였으며, 셋째, 남편의 사업상 어려울 때는 아이들과 가정을 지켰고, 넷째, 원불교를 알아보고 교법에 신심을 내서 의정부교당 어려울 때도 한편에 치우치지 않고 흔들림 없이 원만한 처사로 교당을 지켰으며, 다섯째, 교당 연조가 짧아도 상내지 않고 적극적으로 교당 주인으로 활동을 하였고, 여섯째, 교무가 잘못을 지적하면 그것을 섭섭함으로 토라지지 않고 변함없는 신심을 보였으며, 일곱째, 교도훈련이나 마음 공부 발표에 치심내지 않고 하라는 대로 하였습니다. 여덟째, 원불교 교법은 먹기만 하면 선약인데 마음 공부에 열성적이며 교전을 열심히 봉독했습니다.

조소빈 교도는 원불교에 나온 지는 얼마 안 되었지만 진급할 심성을 가져서 장차 교단의 주인으로 장래가 촉망 되는 교도가 틀림없습니다. 이와 같이 원불교 교도가 이웃에 모범을 보여 감동을 주는 것이 큰 교화입니다.

신심이 있어야 인과를 믿고, 마음 공부를 해야 모범을 보일 수 있으며, 치심을 버려야 빠르게 진급하는 공부를 할 수 있습니다.

우리는 누구나 앞으로 잘 되기를 바라고 있지만, 하는 행동은 바라는 대로 하지를 않습니다.

대종경 인과품 24장에서 개의 예를 들면서 진급자와 강급자에 대한 기준은 사람이 마음 쓰는 것을 보면 알 수 있다고 하였습니다.

진급자와 강급자

　진급기에 있는 사람은 그 심성이 온유 선량하다.

　진급기에 있는 사람은 여러 사람에게 해를 끼치지 않는다.

　진급기에 있는 사람은 대하는 사람마다 잘 화합한다.

　진급기에 있는 사람은 늘 하심(下心)을 주장하여 남을 높인다.

　진급기에 있는 사람은 배우기를 좋아한다.

　진급기에 있는 사람은 특히 진리를 믿고 수행에 노력한다.

　진급기에 있는 사람은 남 잘되는 것을 좋아한다.

　진급기에 있는 사람은 무슨 방면으로든지 약한 이를 북돋아
준다.

　강급기에 있는 사람은 대하는 사람마다 잘 충돌한다.

　강급기에 있는 사람은 자만심이 강하다.

　강급기에 있는 사람은 남 멸시하기를 좋아한다.

　강급기에 있는 사람은 배우기를 싫어한다.

　강급기에 있는 사람은 특히 인과의 진리를 믿지 아니하고 마음
공부 수행이 없다.

　강급기에 있는 사람은 남 잘되는 것을 못 보아서 무슨 방면으
로든지 자기보다 나은 이를 깎아 내리려 한다.

　불의한 권리를 남용하는 사람들도 사나운 개처럼 성질 부리고
사는 사람은 강급기에 있는 사람이고, 그 과보로 참혹하게 되다
고 주의 말씀을 해 주신 것입니다.

진급하는 공부

　진급기에 있는 사람은 그 심성이 온유 선량하다고 하였습니다. 요즈음 세상에 착해 가지고는 살아가기 힘들다고 하지만, 누구나 좋아하는 사람은 마음이 따뜻하고 선량한 사람입니다.

　인과의 진리는 지은대로 받는 것이기 때문에 이기적인 마음으로 강제로 빼앗은 것은 언제나 강제로 빼앗기는 과보를 받게 될 것입니다. 사업을 하더라도 남을 속이는 이기적인 사람은 결국 망하고, 고객을 사랑하는 인간적이고 진실한 사람이 장기적으로 성공하는 것입니다.

　진급기에 있는 사람은 여러 사람에게 해를 끼치지 않는다고 하였습니다.

　같은 복이라도 개인에게 주면 그가 형편이 나아질 때에 되돌려 받을 수 있기 때문에 언제 받을 지 예측할 수 없습니다. 그러나 정의로운 일을 하는 여러 사람에게 혜택을 주는 복은 여러 사람이 자기 형편대로 갚기 때문에 순환도 빠르고 이자도 많이 붙습니다.

　그러므로 가족에 대한 의무도 최선을 다해야 하지만, 여러 사람에게 은혜를 베풀도록 노력하는 것이 세세생생 풍요하게 사는 진급의 길입니다.

　진급기에 있는 사람은 대하는 사람마다 잘 화합한다고 하였습니다.

　사람들은 자기 주변에 괴로운 인연이 있으면 "나는 인복이 지지리도 없다"는 말을 합니다. 그러나 인연복은 누가 주는 것이 아니라 내가 지은 것을 내가 받는 것입니다. 내가 전생에 이기적으로 남을 괴롭히며 신세를 지고 살았으면 그 인연들이 빚 받으러 내 주변에 모여 나를 괴롭히는 인연이 많을 것이고, 보은하는 불공으로 살았으면 나를 돕는 인연이 많을 것입니다. 또한 원망심과 이기심이 많은 사람은 빚 갚으려는 은인이나 빚 받으러 온 원수나 모든 인연을 나쁘게 받아들여서 스스로 괴롭게 살아갑니다.

　고와 락의 원인이 자기에게 있는 것이지 남에게 있는 것이 아닙니다. 그러므로 진급하려면 감사한 마음으로 보기 싫은 사람도 잘 보도록 노력하며 두루 화합하고 살아야 합니다.

　진급기에 있는 사람은 늘 하심(下心)을 주장한다고 하였습니다. 세상 사람들은 남을 높여주면 자기가 낮아지는 줄 알고 남을 짓밟는 것을 일삼는 사람이 있는데, 이것은 반대로 자기 자신을 무시받게 하는 방법입니다. 이것을 반대로 된다 해서 정산종사 법어 원리편 41장에는 반수인과라고 밝혀주셨습니다. 내가 남을 높여줘야 남도 나를 높여주는 것이 당연한 인과의 진리이므로 나를 낮추는 하심으로 살아야 진급을 합니다.

　진급기에 있는 사람은 배우기를 좋아한다고 하였습니다. 우리는 육도 사생 중에 다행이 사람 몸을 받아서 이렇게 대종사님 일원대도를 배워서 사람의 도리를 알 수 있게 되었습니다.

사람이 사람다울 수 있는 것은 사람의 도리를 배웠기 때문입니다. 동물 같은 마음으로 살다가 만일 죽어서 동물로 타락하면, 그 후에는 아주 오랜 세월 천지의 진강급 따라 언제 사람 몸을 받을지 모르는 것이므로, 받기 어려운 사람 몸 받았을 때 마음공부를 기본으로 하면서 모든 학문과 상식을 배워서 사람 몸 잃지 않도록 해야 되겠습니다.

진급기에 있는 사람은 특히 진리를 믿고 수행에 노력한다고 하였습니다. 특히 일원의 진리를 믿고 마음 공부를 해야 진급할 수 있습니다. 위에 다섯 조항을 실천할 수 있는 것도 진리를 믿고 진리를 내 것 만드는 마음 공부 수행을 하는 사람이라야 가능한 것입니다.

진급기에 있는 사람은 남 잘되는 것 좋아한다고 하였습니다. 마음속에 오기만 잔뜩 들어있어서 남 잘 되는 것 배 아파 하는 사람은 진급할 수 없습니다. 남 잘 되는 것을 보면 내일처럼 기뻐하고 축하해 주는 사람이 진급하는 사람입니다.

진급기에 있는 사람은 무슨 방면으로든지 약한 이를 북돋아 준다고 하였습니다.

고려 평강공주는 무식한 온달에게 시집 가서 글과 무예를 가르

쳐 무과 시험을 보게 하였고, 온달은 무과 급제를 하여 장수가
되어 나라가 어려울 때 큰 공을 세우고 왕으로부터 자랑스런 사
위로 인증을 받았습니다.

대종사님께서 강자가 약자를 도와 주는 것은 강자가 약자가 되
는 것이 아니라 영원한 강자가 되는 길이라고 말씀하셨습니다.
강자는 자기를 강자가 되도록 도와준 약자를 보호하고 도와 주
는 것이 강자가 영원한 강자가 되는 길입니다.

진급하는 길이 어디 멀리 있고 어려운 것이 아니라 자기가 가
지고 있는 마음을 잘 쓰는 것입니다. 그 마음을 잘 쓰는 방법은
우리 교전에 자세하게 쓰여 있으니 그대로 실천만 하면 진급이
될 수 있습니다.

아무리 좋은 법이 있어도 실천하지 않으면 열매가 열지 못하는
과일나무와 같아서 쓸모가 없는 것이라고 작업취사에서 밝혀주
셨습니다. 우리는 열매가 열지 않는 과일나무가 되지 말고, 마
음 공부로 실생활에 효과 있는 불공의 생활을 지속해서 세세생
생 계속 진급해서 잘 살기를 기원합니다.

무서운 天語

대종사 말씀하시기를 「나쁜 일을 자행하여 여러 사람의 입에 나쁘게 자주 오르내리면 그 사람의 앞길은 암담하게 되나니, 어떤 사람이 군(郡) 도사령이 되어 가지고 혹독히 권리를 남용하여, 여러 사람의 생명과 재산을 많이 빼앗으므로 사람들이 동리에 모여 앉으면 입을 모아 그 사람을 욕하더니, 그 말이 씨가 되어 그 사람이 생전에 처참한 신세가 되어 그 죄 받는 현상을 여러 사람의 눈앞에 보여 주었다 하니, 과연 여러 사람의 입은 참으로 무서운 것이니라.」

대종경 인과품 25장

이조시대에 어떤 사람이 군수로 발령을 받아 부임했는데, 욕심이 많고 성질이 포악하여 못된 짓을 많이 하므로, 군민들이 모이기만 하면 "귀신은 군수 아무개 안 잡아가고 뭐 하는지 몰라. 그놈 천벌 받을 거여!" 하며, 그 사람을 욕하며 미워했습니다.

군수의 행패는 이러했습니다. 아부하는 아랫사람을 시켜서 군내 여러 가지 정보를 알아 오도록 하여, 그 정보 중에 욕심나는 것이 있으면 직위를 이용해 수단 방법을 총동원하여 폭력과 협박을 일삼아 빼앗아 오는 것입니다.

예를 들면, 어떤 부자가 돈이 많다는 정보를 입수하면 그 재산을 빼앗기 위하여 그 부자를 무조건 잡아오라 해서 죄를 이실직고 하라며 곤장을 때렸습니다. 본인은 영문을 모르고 매를 맞기 때문에 '제가 무슨 죄를 지었습니까?' 하고 반문하면, '네 죄를 네가 알렸다. 이실직고할 때까지 곤장을 쳐라' 하여 때리고 감옥에 가두었습니다. 그런 다음 군수의 속셈을 주변에 흘려 본인 가족이 알게 해 가족들이 재물을 헌납하면 '아무 죄가 없으니 방면하라' 고 지시를 내렸습니다.

이와 같은 폭정이 오래 갈수록 군민들의 원성이 커지고 커져서 민원 상소가 빗발치자 마침내 임금이 이 민원을 접수하여 암행어사를 보냈습니다. 못된 짓을 하던 군수는 암행어사의 호된 벌을 받고 재산몰수에 삭탈관직되어 자기 집으로 돌아갔으나, 액운이 겹쳐서 집에 불나고 가족은 흩어지고 거지가 되어 여러 사람들의 멸시를 당하는 처참한 신세가 되었습니다.

대종사님께서 이 사건을 예를 들면서 여러 사람의 마음을 모으면 천심이고, 여러 사람의 입을 모으면 천어라고 하시며, 이와 같이 무서운 천어의 저주를 받은 군수 아무개가 천벌을 받은 것이라고 설명을 해 주셨습니다.

천심과 천어를 회복하는 공부

첫째는 일심을 기르는 공부입니다. 대종사님께서는 서품 13장에 밝혀주시기를, "마음이 전일하여 사가 없게 되면 하늘의 마음"이라고 하였습니다.

또 정산 종사님께서는 "가장 무서운 것이 일심이다." 라고 하셨습니다. "이 일심은 산하대지도 움직일 수 있고, 나라도 움직일 수 있고, 한 단체도 움직일 수 있고, 자신도 거느릴 수 있다"고 하셨습니다.

"일심은 간단(하다 말다)이 없고, 갓(한계)이 없고, 일호의 사(털끝만한 사심)가 없는 것이라"고 하였습니다. 일심이 되어 사사로운 마음이 없이 순일하면 그것이 천심입니다. 그러므로 천심과 일심은 같은 뜻입니다. 구인선진님들께서 백지혈인의 이적을 나타낸 것도 이 하늘마음의 일심이 되었기 때문입니다.

염불, 좌선, 기도, 유무념 대조, 무시선 무처선 공부로 동정간에 쉬지 않는 일심공부를 하여 천심을 기르는 마음 공부를 하여야 본래의 천심을 회복할 수 있습니다.

둘째는 사심이 없는 일심을 기르는 것입니다.

일심을 기르면 사심이 있을 수는 없지만, 삿된 원을 세우고 기르는 일심은 삿된 일심이고, 공변된 원을 세우고 기르는 일심은 원만한 일심입니다.

히틀러는 자주 꿈에 보이는 곳이 궁금하여 알아보니 한국의 묘향산이었고, 본인이 전생에 묘향산에서 수도하던 수도승이었다는 것을 알게 되었다고 합니다.

일심을 기르면 큰 힘이 생기는데 그 힘을 히틀러처럼 잘못 사용하면 성불제중의 원을 세우고 일심을 길러야 원만한 일심을 기를 수 있고 세상에 은혜가 나타나는 복짓는 일심이 될 수 있습니다.

천어를 길들여 가자

천심에서 나오는 말이 천어이기는 하지만 말하는 것은 반복함으로서 습관의 업력이 쌓이는 것이므로, 반드시 천심을 그대로 표현하는 천어를 길들여 가는 훈련을 해야 합니다.

제 큰아들이 어렸을 때 화가 나면 제일 큰 욕이 목에 힘을 줘서 "나뿜요"라고 말하는 것이었습니다. 평소 집에서 거친 욕지거리를 들어본 적이 없고, 잘 못하면 나쁜 사람이라는 교육(훈련)을 받았기 때문에 나쁜 놈이 제일 큰 욕이라고 생각했던 모양입니다.

견성을 해서 자성을 떠나지 않는 무시선을 한다면 더 바랄 것이 없지만, 우리 공부인들은 공부심으로 말하는 훈련을 해야만 천어를 할 수 있습니다. 그 훈련은 대종사님께서 밝혀주신 유무

넘 대조입니다.

대산종사님께서 사가에 가실 때도 열쇠를 채운 가방을 가지고 가셨다고 합니다. 영훈 사모님께서 도대체 무슨 귀중품을 가지고 다니시기에 항상 열쇠를 채우고 다니시나 궁금해서 하루는 대산종사께서 자리를 비운 사이 열쇠를 찾아 열어보았더니 상시일기 밖에 없었다고 합니다.

이와 같이 수도인이 마음 챙기는 공부를 소중하게 생각하고 게을리 해서는 안 됩니다. 항상 챙기는 마음으로 천어를 하도록 상시일기 유무념 대조를 하며 훈련을 게을리 하지 말자는 것입니다. 그냥 챙기는 것보다 기록하며 챙기는 것이 두 배 세 배 효과가 있는 훈련이니까 반드시 상시일기 기록을 하면서 천심으로 천어를 하는 훈련을 하자는 것입니다.

법문의 핵심은 크든 작든 여러 사람에 관계된 일을 할 때는 원한을 사지 않도록 부당하게 권한을 행사하지 말라는 것입니다. 부당하게 권리 행사를 하여 여러 사람의 입에 나쁘게 자주 오르내리면 그 사람의 앞 길이 막혀서 암담하게 된다고 하였습니다.

눈·귀·코·입·몸·마음 육근이 움직이는 모든 작업은 편집 없는 영화를 찍는 것처럼 그대로 허공 법계에 심어지며, 특히 천심으로 하는 천어는 그 힘이 강력하여 그대로 말이 씨가 되어 그 사람이 생전에 처참하게 그 죄 받는 현상을 여러 사람의 눈 앞에 보여 주게 될 것이라고 경계하여 주셨습니다.

대종사님께서 "여러 사람의 입은 참으로 무서운 것이라."고 감탄하셨듯이, 우리가 살아가면서 여러 사람의 입에 나쁜 말이 오르내리지 않도록 챙기는 마음 놓지 말고 각별히 주의하며 천심으로 천어를 하며 천사로 살아야 되겠습니다.

중생이 철없이 짓는 죄업 다섯 가지

대종사 말씀하시기를 「중생들이 철없이 많은 죄업을 짓는 가운데 특히 무서운 죄업 다섯 가지가 있나니, 그 하나는 바른 이치를 알지 못하고 대중의 앞에 나서서 여러 사람의 정신을 그릇 인도함이요, 둘은 여러 사람에게 인과를 믿지 아니하게 하여 선한 업짓는 것을 방해함이요, 셋은 바르고 어진이를 헐고 시기함이요, 넷은 삿된 무리와 당을 짓고 삿된 무리에게 힘을 도와줌이요, 다섯은 대도 정법의 신앙을 방해하며 정법 회상의 발전을 저해함이라, 이 다섯 가지 죄업 짓기를 쉬지 아니하는 사람은 삼악도를 벗어날 날이 없으리라.」

대종경 인과품 26장

병 치료와 건강에 도움이 된다고 해서 요즈음 항암치료 후 정양치료 프로그램으로 매일 구봉산 묘지삼거리까지 등산을 2회씩 하고 있습니다.

묘지삼거리까지 등산하는 산길이 주차장부터 두 코스가 있습니다. 왼쪽 코스는 약간 직선코스로 가파르고 중간에 계단이 있어 힘이 들지만 오른쪽 코스는 갈지자로 흙길이 묘지 삼거리까지 이어져서 편안합니다.

몇 년 전에 어느 노인이 구봉산 산신령이 시켜서 한다며 오른쪽 코스 길을 만드는 것을 보고, 자연을 훼손한다고 비난하여 한동안 왼쪽 코스 길로만 등산을 다녔습니다. 그런데 제가 환자가 되고 보니 힘이 없어서 노인을 비난했던 오른쪽 코스를 선택할 수밖에 없었습니다. 그래서 가끔 그 노인을 만나 사과를 하고 싶은 마음이 나지만 지금은 열반하셨는지 보이지 않기 때문에 마음속으로 사과하며 등산을 하고 있습니다.

건강했을 때는 자연보호만 생각했는데 지금 와서 돌이켜 보니 노약자를 배려하지 못한 원만하지 못한 판단을 했음을 반성하게 되었습니다.

이와 같이 진리를 크게 깨치지 못한 우리들은 나의 작은 지식으로 세상과 진리를 저울질하는 어리석음을 범하고 살아갑니다. 오늘은 철 아는 현명한 사람으로 사는 공부를 하겠습니다.

중생이 철 없이 짓는 죄업 다섯 가지

'철없는 중생들이 많은 죄업을 짓는다' 고 하였는데 철이 없다는 것은 진리를 모른다는 말입니다. 진리적으로 철이 들어서 무서운 죄업 다섯 가지를 범하지 않는 것이 무엇보다 중요합니다. 그러기 위해서는 대종사님께서 하라고 하신 대로 마음 공부를 실천해야 합니다.

하나는 바른 이치를 알지 못하고 대중의 앞에 나서서 여러 사람의 정신을 그릇 인도함이요, 둘은 여러 사람에게 인과를 믿지 아니하게 하여 선한 업 짓는 것을 방해함이요, 셋은 바르고 어진 이를 헐고 시기함이요, 넷은 삿된 무리와 당을 짓고 삿된 무리에게 힘을 도와 줌이요, 다섯은 대도 정법의 신앙을 방해하며 정법 회상의 발전을 저해 함이라, 이 다섯 가지 죄업 짓기를 쉬지 아니하는 사람은 삼악도를 벗어날 날이 없으리라 하고 경고해 주셨습니다.

삼악도는 천상 · 인간 · 수라 · 아귀 · 축생 · 지옥의 육도세계 가운데 고통이 많은 아귀 · 축생 · 지옥을 말합니다.
우리는 사람으로 태어나서 다행히 대종사님 은혜를 입고 육도 윤회에서 벗어나는 마음 공부를 알았지만, 만일 마음 공부를 하지 않고 죽어서 삼악도에 한 번 떨어졌다면 어느 세월에 그 윤회의 수레바퀴를 타고 진급하여 사람이 될 지 기약할 수 없습니다.

삼악도를 면하는 공부

삼악도를 면하는 공부는 두말 할 것 없이 정전 마음 공부입니다.

대종사님께서 우리에게 남겨주신 정전은 여래위에 오르는 프로그램이므로 실천만 하면 노력과 시간에 따라서 누구나 언젠가는 여래 부처님이 될 수 있습니다.

전심전력을 하여 실천하는 사람은 빨리 이룰 것이고, 느슨하게 하는 사람은 늦게 이룰 것입니다. 그러나 기필코 이루리라는 큰 서원을 세우고 마음 공부를 계속하면 반드시 이룰 수 있는 완벽한 여래위 프로그램이 정전 마음 공부입니다.

철드는 공부

첫 번째 미션은 철 드는 공부입니다. 철이라는 것은 봄ㆍ여름ㆍ가을ㆍ겨울 사철을 말하는 것인데, 철 든다는 것은 농사 짓는 사람이 철을 알아서 심을 때 심고, 기를 때 기르고, 거둘 때 거두는 것을 때에 맞게 한다는 것입니다.

우리가 옷 입는 것을 예를 든다고 하면, 봄ㆍ가을에 입을 옷과 여름에 입을 옷과 겨울에 입을 옷이 있는데, 여름에 겨울옷을 입고 더워서 고생하거나, 겨울에 여름옷을 입고 떨고 있는 것은 철을 모르고 옷을 입는 것입니다.

제 아들이 어렸을 때입니다. 여름에 겨울부츠를 달라고 해서 부츠를 신겨주고, 점퍼를 입혀달라고 해서 점퍼를 입혀주는 것을 보았는데 이것이 바로 철모르는 아이들의 일입니다.

사리연구에서 '이 세상은 대소유무 이치로 건설되고 시비이해의 일로 운전해 간다' 고 하였습니다. 우리가 살아가는 세상 돌아가는 원칙, 대소유무와 시비이해 원리를 모르고 사는 것은 철 모르고 사는 어린 아이와 똑 같은 것입니다. 그러므로 진리를 연마하고 공부하여 알아가는 것은, 세상을 성공적으로 잘 살아가기 위한 철드는 공부입니다.

철 드는 공부 중에 가장 확실한 것은 견성하는 것입니다. 견성은 대소유무와 시비이해를 의심이 없이 확실하게 믿고 아는 것을 말하는 것입니다. 점차 알아가든지, 한꺼번에 깨쳐서 알아가든지, 각자 능력대로 철 드는 공부를 해야 삼악도에 떨어지지 않습니다. 일과 이치에 철이 들어서 확실하게 가르쳐 준다면 삼악도에 떨어질 일이 없습니다.

그런데 철 들지 못한 사람이 알지도 못하는 진리를 아는 것처럼 잘못 가르치는 것이 문제입니다.

옛날 백장선사 문하생이 '성리를 깨친 사람은 인과에 떨어지지 않는다' 고 했다가 500생을 여우보 받은 예가 육조단경에 실려 있습니다. 여러 사람을 잘못 가르친 벌이 큰 것입니다. 그러므로 진리에 철이 들어서 확실하게 안 것을 가르쳐야 합니다.

인과를 믿게 하자

사람이 살아가는 일은 인과 관계로 이루어지는 시비이해의 일입니다. 인과를 믿는 사람은 우주의 대소유무를 가져다가 우리가 살아가는 시비이해를 운전해 가기 때문에 한 없는 복을 짓고 행복하게 살아갈 것이나, 인과를 믿지 않는 사람은 욕심이 앞서기 때문에 이해(利害)부터 따져서 철저하게 이기주의로 나아가서 한없는 죄를 짓고 시비에 휘말려 한없는 고통이 따르게 됩니다.

어진 이를 따르자

여기서 어진 이는 수도인을 말하는 것입니다. 세상 물정도 모르고 남 좋은 대로 끌려 다니는 순둥이를 말하는 것이 아니라 사리 판단을 정확하게 하면서도 모든 처사가 덕스러운 사람을 어질다고 하는 것입니다.

먹물을 가까이 하면 먹물이 몸에 묻는다는 근묵자흑이라는 말이 있듯, 어진 이를 따르고 가까이 하면 나도 자연히 어진사람을 닮아가는 것입니다. 그러므로 어진 이를 가까이 하면서 마음 공부로 어진 이가 되어가야 합니다.

정당한 종교단체에 활동하자.

세상에는 종교의 탈을 쓰고 악행을 저지르는 사람들이 많이 있습니다. 이들은 대부분 자기가 한 행동에 대하여 책임의식이 없는 것이 공통적인 특징입니다.

코란에는 '눈에는 눈, 이에는 이' 라는 인과 원칙이 담겨있고 성경에도 '심은 대로 거두리라' 는 분명한 인과의 말씀이 있는데, 이것은 무시하고 성전이라는 포장으로 폭력을 정당화 하는 무리들이 있습니다. 이러한 무리들은 세세생생 폭력을 주고 받으며 살 수밖에 없는 사람들입니다.

그런데 심지어 도움을 받으면서도 감사하다는 말은 하지 못할지언정, 복 지은 사람에게 당신이 복을 짓도록 내가 대상이 되어줘서 당신을 천국에 가게 해줬으니 우리에게 감사하라고 하며 생색을 낸다 하니 기가 막힐 노릇입니다.

그러한 사고방식은 다음 생에도 가난하게 살 수 밖에 없는 사람들입니다.

세상에 많은 종교가 있지만, 바르게 살아가도록 가르치는 종교를 만난 것도 큰 행운이라고 할 수 있습니다.

대도정법을 신앙하고 발전시키자

세상에 나쁜 짓 하는 것도 급수가 있습니다. 개인 대 개인의 나쁜 짓은 초급이고, 단체를 상대한 나쁜 짓은 중급이고, 많은 사람의 영혼을 상대한 나쁜 짓은 영생을 망치는 가장 악질적인 나쁜 짓입니다. 여러 사람의 앞길을 열어주는 대도정법 신앙을 방해하면 세세생생 큰 벌을 받는 더더욱 무서운 죄악입니다.

종교를 믿을 때도 진리적 종교를 믿어야 하며, 다른 사람도 진리적 종교를 믿도록 인도해야 하며, 또한 진리적 종교를 믿는 이웃 종교인도 방해하지 않아야 합니다. 그래야 나의 앞길이 막히거나 그르치지 않습니다.

　세상 사람들이 각자 나름대로 잘 살아간다고 하지만, 진리를 아는 입장에서 보면 한심하기 그지 없는 경우가 많습니다. 종교를 가지지 않아도 죄 안 짓고 잘 살아가면 된다는 사람들이 있는데, 세상 돌아가는 이치도 모르면서 잘 살아간다는 것은 무면허 운전자가 차를 모는 것과 같습니다. 대소유무 이치와 시비이해를 확실하게 알아서, 인과를 믿고, 어진이를 따르고, 정당한 단체활동을 하며, 정법을 믿고 정법 종교를 발전시키는 것이 삼악도를 면하는 확실한 길입니다.

세상에
무서운 죄업 세 가지

대종사 말씀하시기를 「세상에 무서운 죄업 세 가지가 있으니, 그 하나는 곁 눈치로 저 사람이 죄악을 범하였다고 단정하여 남을 모함하는 죄요, 둘은 남의 친절한 사이를 시기하여 이간하는 죄요, 셋은 삿된 지혜를 이용하여 순진한 사람을 그릇 인도하는 죄라, 이 세 가지 죄를 많이 지은 사람은 눈을 보지 못하는 과보나, 말을 못하는 과보나, 정신을 잃어버리는 과보 등을 받게 되나니라.」

대종경 인과품 27장

조선일보와 미디어리서치가 치매에 대하여 전국 성인 1000명을 대상으로 설문 조사를 하여 2013년 5월 2일에 발표한 자료입니다.

　'치매 인식도 설문 조사'에 따르면 여성의 63.7%, 남성 54.7%가 '훗날 언젠가 나 자신이 치매에 걸릴 수 있다는 걱정을 한다'고 답했다고 합니다. 우리 사회에서 치매가 암(癌)과 함께 가장 피하고 싶은 질병 중 하나가 된 것입니다. 특히 저소득층과 저학력 일수록 치매를 더 두려워하는 것으로 조사됐다고 합니다.

　사람들이 치매를 두려워 하는 것은 치매에 따르는 심각한 기억 상실 장애 때문입니다. 지금은 저소득층을 국가에서 돌봐주기 때문에 다행이지만, 얼마 전까지만 해도 저소득층 가정에서 치매환자가 생기면 그 가정이 파괴되는 무서운 질병이었습니다.

　이와 같이 우리가 살아가면서 악한 사람이 아니라도 무서운 벌을 받는 질병과 장애로 힘들게 살아가는 안타까운 경우가 많이 있습니다.

　지은대로 받는 인과의 이치를 미루어 생각하면 심각한 치매는 정신적으로 지은 필연적인 죄업이 있을 것입니다. 인과품 27장에 밝혀주신 '무서운 죄업 세 가지'는 인과를 배우지 않거나 공부심 없이 살면 무심코 재미 삼아 지을 수 있는 무서운 죄업들입니다.

　우리들은 어떻게 하면 세세생생 장애인의 업보를 받지 않고 건강한 몸과 마음으로 계속 살 수 있을 것인지 공부하도록 하겠습니다.

무서운 죄업 세 가지

첫째는 곁 눈치로 저 사람이 죄악을 범하였다고 단정하여 남을 모함하는 죄입니다. 확실한 근거도 없이 남의 말만 듣고 죄를 지었다고 단정하여 죄를 짓는 경우입니다. 눈치 빠른 사람들은 자기 판단을 믿기 때문에, 사실 확인은 하지 않고 자기 판단으로 죄를 지었다고 단정하는 실수를 범할 가능성이 많습니다.

둘째는 남의 친절한 사이를 시기하여 이간하는 죄입니다. 욕심이 많아 모든 것을 자기가 독점하려는 이기적인 사람은 자기 외에 다른 사람들이 좋게 지내는 것을 보지 못하고, 친절한 사이를 이간질하여 불화하게 만듭니다.

셋째는 삿된 지혜를 이용하여 순진한 사람을 그릇 인도하는 죄입니다. 전라남도 어느 섬에 염전이 있는데 그 염전 경영자가 전국 각지에서 장애자를 납치해 와서 감금하고 강제노역을 시켰다는 뉴스를 본 적이 있습니다. 순진한 사람들을 자기 사리사욕을 채우는 도구로 이용한 것입니다.

세상 모든 사람들은 지은 바 업력에 따라서 아는 바와 익힌 바와 능력이 제 각각 다릅니다. 그러므로 사람마다 지능이나 능력 차이가 나게 마련인데, 조금 나은 사람이 자기만 못한 사람을 상대로 정당하지 못한 삿된 마음을 발하여 자기에게 이롭게 이용할 목적으로 잘못 인도하는 죄를 짓거나 심보가 고약한 사람이 악질적인 심술로 자기 이익을 위해서 또는 남 잘되는 것을 못 보아서 나쁜 길로 인도하는 죄를 짓는 경우가 많이 있습니다.

세 가지 죄업을 그치자

첫째 '하나는 곁 눈치로 저 사람이 죄악을 범하였다고 단정하여 남을 모함하는 죄요' 라고 하였는데, 이러한 죄를 많이 지으면 곁 눈치를 아예 못 보도록 눈을 멀게 하는 과보를 받게 된다고 하였습니다.

지금 우리가 살아가는 이 시대는 무한 경쟁시대라, 살아가는 데 눈치가 없으면 살아가기가 힘든 세상입니다. 함께 어울려 사는 세상에서 눈치를 안보고 살 수는 없지만, 인과품 27장을 공부해 보니까 눈치도 지혜롭게 보아야지, 눈치 빠르다고 다 좋은 것만 아니라는 것을 알게 되었습니다.

눈치가 빠르다고 자부하는 사람일수록 죄 지을 가능성도 높아지기 때문에, 진리적으로 보면 공부심 없는 사람은 약삭 빠르고 눈치 빠른 것이 오히려 죄 잘 짓는 도구가 되기 쉽습니다. 그러나 곁 눈치 보는 나쁜 점도 지혜롭게 돌려서 진리의 눈치를 보아 깨달음을 얻는다면 도리어 좋은 기능이 될 수 있습니다.

우리의 참마음은 직접 표현이 불가능한 자리이므로 법문을 읽거나 설법을 들으면서 이 자리를 아는 것이 도가에서 어른 되는 길입니다. 눈치를 보더라도 진리의 눈치를 보아 바른 길을 살아가고, 그 바른 기준으로 이웃과 함께하는 공동체 생활을 하는 것이 현명하게 살아가는 것이고, 지혜롭게 눈치를 보고 사는 길입니다.

진리에 눈치가 없는 사람은 이기적이고 삿된 마음으로 죄 짓는 눈치만 발달하기 쉽습니다. 그러므로 먼저 경계마다 진리에 눈치를 보아서 상생의 불공을 잘 하는 현명한 사람이 되어야 하겠습니다.

'둘은 남의 친절한 사이를 시기하여 이간하는 죄'라고 하였습니다. 이러한 죄를 많이 지으면 그런 짓 못하게 아예 말을 못하게 만드는 과보를 받게 된다고 하였습니다.

사람은 기본적으로 생존을 위하여 자기를 이롭게 하려는 이기적인 면이 있기 때문에 누구나 자기만 위해 주기를 바라고, 자기만 잘 한다고 해주기 바라고, 자기만 예쁘다고 해주기를 바라지만, 대개는 양심상 스스로 남과 타협하고 적당한 선에서 절제를 하는 것이 지성인의 모습입니다.

그런데 사람들 가운데는 공주병 왕자병이라고 부를 만큼 자기만 위해 달라는 병적인 사람이 많이 있습니다. 이러한 사람은 주변 사람이 피곤할 만큼 병적으로 자기중심적이기 때문에, 일상생활이 모두 시기하고 질투하고 이간질하는 생활입니다.

이러한 사람은 이간질 하는 것이 죄가 되는 줄도 모르고 속으로 쾌감을 느끼며 지속적으로 죄를 짓기 때문에 그 업이 쌓이고 쌓여 말 못하는 과보까지 받게 되는 것입니다.

그러므로 희생봉사를 통해 여러 사람과 두루 화합하고 살아가야 합니다. 서로 사이가 좋지 않은 사람들 까지도 좋은 말로 설득하여 서로 화합하고 살게 해야 중벌을 면할 수 있습니다.

'셋은 삿된 지혜를 이용하여 순진한 사람을 그릇 인도하는 죄라' 고 하였습니다. 이러한 죄를 많이 지으면 그 업보로 정신을 잃어버려서 그런 짓을 못하게 하는 과보를 받는다고 하였습니다.

순수하고 진실한 순진한 사람을 다른 말로 천사다, 또는 오염이 덜 되었다, 또는 순수하다, 영혼이 맑다고 합니다. 이 세상에 누구나 좋아하는 순진한 사람들이 많았으면 좋겠다는 생각을 가지고 살아가지만, 그러나 언론에 보도된 현실만 보면 모나고 약삭빠르고 이기적인 사람이 많은 것처럼 느껴집니다.

그러나 세상을 이끌어 가는 사람은 착한 사람들입니다. 누구나 싫어하는 이기적이고 약삭빠른 사람들이 언론에 많이 보도되는 것은 누구나 착한 사람이 많아져서 살기 좋은 세상이 되기를 바라기 때문이라고 생각합니다.

그러므로 우리는 어린이나 청소년이나 장애자들이나 순진한 사람을 바르게 지도하고 보호해 주고 우리도 순수한 본래 마음을 회복하도록 노력해야 천벌을 면할 수 있습니다. 특히 종교의 연원지도로 진리에 맞는 바른 길을 가도록 안내하는 것은 세세생생 올바르게 건강하게 살아갈 길을 마련하는 것입니다.

곁 눈치로 속단하는 죄, 이간하는 죄, 순진한 사람 둘러먹는 죄를 많이 지은 사람은 눈을 보지 못하는 과보나, 말을 못하는 과보나, 정신을 잃어버리는 과보 등을 받게 된다고 하였습니다.

　사람이 꼭 악해서만 죄를 짓는 것이 아니라 죄가 되고 복이 되는 인과를 몰라서도 죄를 짓게 됩니다. 우리가 혹 어제까지는 이러한 인과업보를 몰라서 죄를 짓고 살았더라도, 이 시간 이후로는 절대로 세 가지 죄를 짓지 말아서 건강한 몸과 마음으로 세세생생 복 받으며 잘 살아가기를 기원합니다.

베푸는 행복,
빚지는 불행

대종사 말씀하시기를 「옛날 어떤 선사는 제자도 많고 시주도 많아서 그 생활이 퍽 유족하였건마는, 과실나무 몇 주를 따로 심어 놓고 손수 그것을 가꾸어 그 수입으로 상좌 하나를 따로 먹여 살리는지라, 모든 제자들이 그 이유를 물었더니, 선사가 대답하기를 "그로 말하면 과거에도 지은 바가 없고 금생에도 남에게 유익 줄 만한 인물이 되지 못하거늘, 그에게 중인의 복을 비는 전곡을 먹이는 것은 그 빚을 훨씬 더하게 하는 일이라, 저는 한 세상 얻어먹은 것이 갚을 때에는 여러 세상 우마의 고를 겪게 될 것이므로, 나는 사제의 정의에 그의 빚을 적게 해 주기 위하여 이와 같이 여가에 따로 벌어 먹이노라" 하였다 하니, 선사의 그 처사는 대중 생활하는 사람에게 큰 법문이라, 그대들은 이 말을 범연히 듣지 말고 정신으로나 육신으로나 물질로나 남을 위하여 그만큼 일하는 바가 있다면 중인의 보시 받은 것을 먹어도 무방하려니와, 만일 제 일 밖에 못 하는 사람으로서 중인의 보시를 받아먹는다면 그는 큰 빚을 지는 사람이라, 반드시 여러 세상의 노고를 각오하여야 하리라. 그러나 대개 남을 위하는 사람은 오히려 보시 받기를 싫어하고 제 일 밖에 못 하는 사람이 도리어 보시 받기를 좋아하나니, 그대들은 날로 살피고 때로 살피어 대중에게 큰 빚을 지는 사람이 되지 아니하도록 조심하고 또 조심할지어다.」

대종경 인과품 28장

미국 프로리다주의 세인트 어거스틴에서 바닷가의 갈매기들이 모두 굶어 죽는 위험한 사태가 발생했습니다. 갈매기들이 먹지를 못하고 굶게 된 까닭은 주변에 먹이가 다 없어졌거나 또는 갈매기들이 잡아먹을 수 있는 고기떼들이 모두 사라졌기 때문이 아니었습니다.

세인트 어거스틴 마을의 바닷가는 새우잡이 배들이 정박하는 곳이었는데, 갈매기들은 배에서 그물을 털게 되면 거기에서 떨어지는 수많은 새우들을 대를 이어서 힘 안 들이고 받아먹는 방법만 알고 살았습니다.

그런데 그 새우잡이 배들이 정부정책에 따라 플로리다주의 맨 남쪽인 키웨스트로 옮겨 갔습니다. 어거스틴 마을 갈매기들은 그물을 털 때마다 그 새우들을 받아먹는 방법만 알았지, 직접 먹이를 잡아 본 적이 없기 때문에 배들이 떠나자 한없이 풍성한 먹이가 바다에 있는데도 굶어 죽게 되었던 것입니다.

복 짓는 불공만 하면 이 세상은 무진장의 복이 나오는 터전인데, 복 짓는 불공을 할 줄 모르고 받으려고만 하면 어거스틴 바닷가의 갈매기와 같은 신세가 될 수 있습니다.

이 세상에서 복을 어떻게 받아야 잘 받는 것인지 인과품 28장을 함께 공부하겠습니다.

상좌 하나를 따로 먹여 살리는 이유

스님이 따로 벌어 먹이는 사람은 남에게 이로움을 줄 수 있는 능력이 없는 사람이기 때문에, 스님이 책임질 수 있는 범위 내에서 제자를 사랑하는 최선의 방법으로 제도와 양육의 책임을 지는 것이었습니다.

보시받기를 싫어하는 사람과 좋아하는 사람

계속 복을 지어 쌓인 복으로 갚을 능력이 있으면 문제가 없지만, 대중의 정성을 받는 사람이 복을 짓지 않으면서 남에게 대우만 받으려고 하면 많은 생을 힘들게 갚아야 되는 어려움에 처한다고 하였습니다.

죄 지은 사람이 벌과금 낼 돈이 없으면 몸으로 실형을 받아 갚아야 하는 이치와 같이 그 빚을 갚으며 힘들게 살아야 하는 것입니다. 우리가 이 시간을 통해서 내가 세상을 살아가면서 복을 짓고 사는 사람인지 복을 받기만 하는 사람인지 대조해 보는 공부를 합시다.

현명하게 복 받는 공부

현명하게 복을 받는 공부로는 진리에서 받는 공부와 사람한테 받는 공부와 대중에게 받는 공부가 있습니다. 복을 받기만 하고 지을 줄 모르는 사람은, 마치 갈매기가 풍부한 먹이를 두고도 고기 잡는 방법을 몰라 굶어죽는 이치와 같은 것입니다.

진리에서 받는 공부

뉴질랜드에서 대학을 졸업한 한 청년이 일자리를 구하던 중, 어느 날 복권을 샀는데 당첨이 되었습니다. 청년은 갑자기 거액이 생기자 취직할 필요성이 없어졌으므로 날마다 좋아하는 컴퓨터 게임에 몰두하여 지냈습니다.

그러나 그 청년은 생각이 건전한 사람이었는지, 퇴폐적인 주색잡기에는 빠지지 않았습니다. 3개월을 열심히 놀고 나서 다시 일자리를 찾아 나섰기 때문에 전 세계에 국제적인 뉴스로 그 청년 사례가 널리 알려졌습니다.

이 청년처럼 진리가 주는 행운의 복을 개인의 향락에 사용하지 말고 건전한 생각으로 생산적인데 써야 화가 미치지 않습니다.

사람에게서 받는 공부

정당하게 주고받는 것이 기본입니다. 우리 사회는 노력 없이 기대서 편히 사는 것을 상식으로 아는 사람이 많은데, 그런 사람은 남의 것을 빼앗는 것과 같은 범죄를 범하고 있는 것입니다.

사람에게 받는 복도 정당한 노력으로 정당하게 받아야 화가 미치지 않습니다.

대중에게서 복 받는 공부

중국 불교를 크게 일으킨 사람으로 마조 스님 문하에 백장 선사(720~814)라는 분이 있었습니다. 백장 헌규로 유명한 스님인데, 백장 헌규 가운데는 일하지 않으면 먹지도 말라고 하는 조항이 있습니다.

백장은 진리를 깨친 입장에서 보니까 스님들이 공부도 대충 하면서 정성들인 신도들의 소중한 공물을 당연한 것으로 알고 받아먹고 사는 것이 보였습니다. 그래서 제자들이 한 생 얻어먹고 여러 생에 힘들게 갚아야 할 것을 방지하기 위하여 깨우침을 준 것이 일하지 않으면 먹지도 말라는 말씀이었습니다.

선진국의 척도로 삼는 국민의 복지 정책은 동포가 서로 돕는 가장 기본적인 삶의 원칙이지만, 국민의 세금을 공짜로 생각하고 받는 사람은 깊이 생각해 볼 문제입니다. 공부심으로 살아야 깨달음을 얻고, 깨달음을 얻어야 빚지는 생활을 청산하고 복짓는 생활을 할 수 있습니다.

거절하는 공부

부당한 요구는 거절해야 합니다. 정신·육신·물질을 부당하게 달라고 하거나 부당하게 주려고 하는 것은 거절하는 지혜가 필요합니다. 부당한 요구를 거절하지 못하면 큰 화를 당하게 됩니다.

정당한 요구라도 내 능력에 못 미치면 거절해야 합니다. 남의 요구를 거절하지 못하는 사람은 좋은 일 한다고 빚을 얻어가며 주는 경우도 있고, 생각지도 않은 범죄에 연루되는 경우도 있습니다. 좋은 일이라도 내 능력이 미치는 만큼만 해야 원망할 일이 생기지 않습니다.

정신·육신·물질로 주는 공부

자력을 공부 삼아 양성한다

정신·육신·물질의 자력을 갖춰야 베풀 수 있는 것이기 때문에 대종사님께서는 자력을 공부삼아서 양성하라고 하였습니다. 특히 마음 공부로 도덕적인 면에 능력이 잘 갖춰져야 정신·육신·물질 중에 자기에게 있는 능력을 좋게 사용해서 너와 내가 함께 어울려 사는 행복한 세상을 만들어갈 수 있습니다.

그러므로 정신·육신·물질의 자력을 공부삼아 양성하고, 그 자력을 공부심으로 사용해야 합니다. 정신·육신·물질의 자력을 갖췄다 해도 마음 공부를 하지 않으면, 그 자력을 죄 짓는데 사용해서 그 자력이 없는 것만 못하게 됩니다. 마음 공부로 도덕적인 면에 있어 능력이 잘 갖춰져야 정신·육신·물질 중에 자기에게 있는 능력을 좋게 사용해서 너와 내가 함께 사는 행복한 세상을 만들어갈 수 있습니다.

생산적인 단체에 준다.

정신·육신·물질로 자력이 생기면, 그 자력을 생산적인 활동을 하는 단체에 줘야합니다. 그래야 받은 것을 재생산하여 사회에 나누어 주게 되고 은혜가 널리 미쳐 그에 따라 나도 잉여의 복을 받게 되는 것입니다. 만일 정신·육신·물질의 자력을 부당한 단체에 제공하면 내가 죄 짓는데 도와준 만큼 나도 주식 결산 배당처럼 벌을 배당받게 됩니다.

바르게 살려고 노력하는 사람에게 준다.

편히 먹고 사는 것을 복으로 생각하는 것은, 정당한 노력으로 사는 것을 경시하는 병입니다. 그러한 병자에게 복을 지으면 인과적으로 금생뿐만 아니라 내생에도 계속 가난하게 살 것이므로 복을 돌려 받기 어렵습니다. 그러므로 건강한 몸과 마음으로 세상을 위해서 열심히 일하는 것을 복으로 생각하고 사는 사람에게 베풀어야 다 함께 복을 받고, 세상도 좋아지게 됩니다.

상 없이 준다.

정신·육신·물질의 자력을 갖춘 사람이 마음 공부를 하지 않으면 그 자력을 복 짓는데 사용하고 나서 그것을 자랑하고 알아달라고 요구하다 들어주지 않으면 원망하고 죄를 짓기 쉽습니다. 때문에 보은은 의무임을 알아 복을 지을 때는 상 없는 마음으로 복을 지어야 합니다.

내가 약자라면 강자의 도움을 받으며 자력을 양성해야 하고, 또 내가 강자의 입장이면 약자일 때부터 강자가 될 때까지 약자들에게 도움 받은 은혜를 반드시 갚아야 합니다. 아무 생각 없이 정신 · 육신 · 물질의 복을 받는 것만 추구하지 말고, 지은대로 받는 인과의 이치를 믿어서, 어떻게 하면 복 짓는 생활을 하고 살 것인지 고민하고 살아야 하겠습니다.

인과의 이치에 맞게 복을 잘 지어서 영생을 항상 복 받고 사시기를 기원합니다.

받을 때 상대방에 따라 차이가 나는 복

하루는 최내선(崔內善)이 대중공양(大衆供養)을 올리는지라 대종사 대중과 함께 공양을 마치신 후, 말씀하시기를 「사람이 같은 분량의 복을 짓고도 그 과를 받는 데에는 각각 차등이 없지 아니하나니, 그것이 물질의 분량에만 있는 것이 아니라 마음의 심천에도 있는 것이며, 또는 상대처의 능력 여하에도 있나니라. 영광에서 농부 한 사람이 어느 해 여름 장마에 관리 세 사람의 월천을 하여 준 일이 있어서 그로 인하여 그들과 서로 알고 지내게 되었는데, 그 농부는 한 날 한 시에 똑같은 수고를 들여 세 사람을 건네주었건마는 후일에 세 사람이 그 농부의 공을 갚는 데에는 각각 자기의 권리와 능력의 정도에 따라 상당한 차등이 있었다 하나니, 이것이 비록 현실에 나타난 일부의 말에 불과하나, 그 이치는 과거 현재 미래를 통하여 복 짓고 복 받는 내역이 대개 그러하나니라.」

대종경 인과품 29장

모 라디오방송에서 방송된 사연을 모은 《연탄재》라는 책에 나오는 이야기입니다.

어떤 젊은 사람이 다니던 직장에서 정리해고를 당해 직장을 잃어버리고 몇 달 동안 일 자리를 찾다가 드디어 어느 회사에 입사원서를 내고 면접시험을 보게 되었습니다.

면접 시험을 볼 시간이 다가 와서 그가 차를 몰고 바쁘게 면접시험장으로 가는데, 한 여름 뜨거운 뙤약볕에서 품위 있게 차려입은 중년 부인이 펑크 난 자동차 타이어를 교체하느라고 진땀을 흘리고 있는 걸 보았습니다.

순간 속으로 "바쁘니까 그냥 가버리자." 하다가 "아니야 아무리 바빠도 그럴 수는 없지" 하고 차를 멈추고 중년 부인에게 다가가서 "제가 대신 하겠습니다." 하고 타이어를 교체해 주었습니다.

그러다보니 시간이 많이 지체되어 그만 면접시간을 놓치고 말았습니다. 그러나 직장을 포기할 수는 없는 절박한 처지였으므로 면접 장소에 가서 "제가 오다가 급한 일로 지체돼서 그러는데 대단히 죄송하지만 면접을 해주시면 안 될까요?' 하고 사정했으나 인사담당은 "안됩니다." 하고 거절하였습니다.

그 청년이 크게 낙심하고 있는데, 바로 그 때 옆에서 어깨를 탁치며 "내일부터 회사에 나와!" 하는 사람이 있었습니다. 깜짝 놀라서 돌아다보니 바로 조금 전에 자기가 타이어 교체를 도와준 그 중년부인이었습니다. 그 중년부인이 그 회사의 사장이었던 것입니다.

법문에 나오는 관리 세 사람에 대한 이야기는 원기 51년에서 55년 경에 제가 영산에서 간사로 근무할 때 들은 기억이 있습니다.

한 사람은 세무 공무원이었는데, 농부가 부모님 제사를 지내려고 밀주를 담갔다가 단속에 걸렸는데, 그 세무 공무원이 구해줬다고 하며, 한 사람은 산림 공무원이었는데 농부가 허가 없이 나무를 베어 집을 짓다가 걸려서 어려울 때 산림공무원이 도와줬다고 하며, 한 사람은 행정공무원이었는데 농부가 민원서류 문제로 어려움을 당할 때 도움을 받았다고 합니다.

대종사님께서는 이것이 비록 현실에 나타난 일부의 말에 불과하지만 복 지어서 복 받는 원리가 이와 같다고 하셨습니다.

같은 복이라도 상대에 따라 각각 차등이 있다.

인과업보는 수학 공식이나 공장에서 나오는 물건처럼 하나 더하기 하나는 둘만 되는 것이 아니라, 선업이나 악업을 되돌려 받을 때 상대의 능력에 따라서 제로나 마이너스도 될 수 있고, 10이나 100이나 1000도 될 수도 있는 것입니다.

물질 복 받는 것이 마음의 심천에도 관계가 있다.

사람은 감정의 동물이라 마음에 따라서 모든 변수가 생겨납니다. 중년 부인이 차를 운전하고 가다가 펑크가 나서 뙤약볕에서 타이어 교환하는 도움이 절실한 때 도움을 준다면, 그 부인은 자기를 도와준 사람을 평생 잊지 못할 것입니다. 따라서 잊지 못할 감동을 받은 사람은 은혜를 10배 100배 1000배로 갚을 수 있습니다. 나의 불공이 상대가 받은 감동에 따라 달라지는 것입니다.

상대처의 능력 여하에도 있다.

상대가 거지냐 부자냐, 일반인이냐 권력자냐, 범부냐 부처님이냐에 따라서 갚는 방법도 각각 다를 것입니다. 불보살 성현들처럼 마음의 자유를 얻어 힘이 쌓인 사람은 마음의 파워가 천지를 움직일 만큼 엄청나서 큰 은혜를 받을 수 있고, 마음의 자유가 없는 보통 사람은 자기 몸과 마음 하나도 어찌하지 못하므로 되돌려 받는 은혜가 적습니다.

인과의 이치는 삼세에 같이 적용되는 원리다.

진리는 하나이기 때문에 짓고 받는 인과의 원리는 과거·현재·미래의 세상 만사 모든 일에 적용됩니다. 대종경 인과품 29장에서 밝혀주신 원리를 다각도로 연마하는 공부를 하면, 내가 짓고 받는 모든 인과업보를 짐작하여 알 수 있습니다.

복 잘 짓는 방법

대종사님께서 공중사에 복을 지어야 큰 복을 받는다고 하신 말씀은 같은 양의 복을 짓지만 받을 때는 개인보다 공중에 지은 복이 더 많은 복을 받을 수 있기 때문입니다.

꼭 필요한 사람에게 꼭 필요한 복을 짓자

복을 지을 때 상대방에게 꼭 필요한 복을 지어야 효과가 빠릅니다. '배고픈 사람에게 밥을 줘라' 하는 속담처럼 마음 공부를 하지 않는 사람은 상대에게 꼭 필요한 복을 짓는 것이 쉬운 일이 아닙니다.

마음 공부를 하지 않은 보통 사람들은 꼭 필요한 사람에게는 베풀지 않고 반대로 넉넉한 사람에게는 뇌물성 복을 짓는 행동을 합니다.

보통 사람들은 가족을 비롯해서 이웃까지 베풀 때에, 받을 계산부터 하고 베풀며, 친 불친에 따라서 내 입장에서 주고 싶은 것만 주기 때문에 효과가 적거나 상대에게 피해가 가는 경우도 생깁니다. 상대가 원할 때 원하는 것을 줘야 좋은 인연이 되고 효과가 100% 1000% 나오는 복이 되는 것입니다.

희망이 있는 곳에 복을 짓자.

장래성이 없는 대상에 투자하면 원금도 되돌려 받기 어려우나 장래성이 있는 대상에게 투자하면 원금과 이자까지 받을 수 있습니다.

또한 내가 베푼 복이 죄 짓는 사람에게 도움이 되었다면, 이자 대신 벌을 배당받는 동업자가 되는 것입니다. 가려서 복을 지어야지 그렇지 않으면 내 것 주고 뺨 맞는 격이 되는 것입니다.

사람은 감정의 동물이라 감정에 좌우되는 경우가 많은데, 이성을 잃고 나의 감정에 치우치면, 올바른 복을 짓지 못하고, 헛된 곳에 복을 빌고, 헛된 일에 투자하고, 욕심에 가려 이익을 많이 주겠다는 사기꾼에 넘어가 손해를 보게 됩니다.

이해관계나 감정에 치우쳐서 복을 지으면 되돌려 받기 어렵거나 원하지 않는 벌을 받을 수 있으므로, 항상 마음 공부로 바른 판단을 하여 현명하게 희망이 있는 곳에 복을 지어야 온전히 복을 받을 수 있습니다.

좋은 일 하는 곳에 복을 짓자.

복을 받고 잘 살려면 죄 되고 복 되는 직업을 면밀히 분석하고 판단하여 선업 짓고 상생하는 일을 하는 곳에 복을 지을 것이며, 어쩔 수 없는 경우가 아니라면 피를 나눈 자식이라도 죄 짓는 일을 도와주면 안 됩니다.

아무 걱정 없이 투자해도 되는 곳은 원불교와 같이 여러 사람의 앞길을 열어주는 단체에 복을 지으면 세세생생 안심하고 되돌려 받을 수 있습니다. 그러나 물질만능의 현대사회에서는 종교도 사리사욕에 눈 먼 성직자들이 끼어 있으므로 옥석을 잘 가려서 신앙하고 복을 지어야 합니다.

마음공부로 복을 짓자

복 짓는데 가장 중요한 것은 복 짓는 능력입니다. 큰 복을 지으려면 큰 능력이 있어야 하는데 큰 능력은 마음 공부로 삼대력을 갖춰야 얻어지는 능력입니다. 그러므로 큰 복을 지어 큰 복을 받으려면 마음 공부로 복 짓는 능력을 갖추는 것이 제일 중요합니다.

우리는 법신불 사은으로부터 없어서는 살 수 없는 지중한 은혜를 입고 살아가므로, 오직 보은 일념으로 살아야 큰 복을 받을 수 있습니다.

똑같이 은혜를 입고 살아가는데, 어떤 사람은 부자로 평화롭게 잘 살고, 어떤 사람은 고통스럽게 잘 못사는 것은 보은의 여하에 달려 있습니다. 보은을 잘 하는 사람은 더 많은 복을 받고, 배은을 하는 사람은 더 많은 고통을 받게 됩니다.

그러므로 일체유심조 되는 이치와 내가 조물주라는 것을 잊지 말고, 마음 공부로 큰 복 짓는 능력을 갖춰야 하겠습니다. 지혜롭게 꼭 필요한 곳에 복을 짓고, 희망이 있는 곳에 복을 짓고, 좋은 일 하는 곳에 복을 짓고, 마음 공부로 복을 짓자는 것입니다. 그리하여 세세생생 정신·육신·물질로 계속 현명한 복을 지어 계속 복을 받으며 행복하게 살아갑시다.

남을 속인다는 것은
자기를 속이는 것

대종사 영산(靈山)에 계실 때 근동에 방탕하던 한 청년이 스스로 발심하여 과거의 잘못을 참회하고 대종사의 제자가 되어 사람다운 일을 하여 보기로 맹세하더니, 그 후 대종사께서 각처를 순회하시고 여러 달 후에 영산에 돌아오시니, 그가 그동안 다시 방탕하여 주색잡기로 가산을 탕패하고 전일에 맹세 드린 것을 부끄러이 생각하여 대종사를 피하여 다니다가, 하루는 노상에서 피하지 못하고 만나게 된지라, 대종사 말씀하시기를 「무슨 연고로 한 번도 나에게 오지 않았는가.」 청년이 사뢰기를 "그저 죄송할 뿐이옵니다." 대종사 말씀하시기를 「무엇이 죄송하다는 말인가.」 청년이 사뢰기를 "제가 전 일에 맹세한 것이 이제 와서는 다 성인을 속임에 불과하게 되었사오니 어찌 죄송하지 아니하오리까. 널리 용서하여 주시옵소서." 대종사 말씀하시기를 「그 동안에 그대가 방심하여 그대의 가산을 탕진하고 그대가 모든 일에 곤란을 당하나니, 그러므로 나에게 용서를 구할 것이 따로 없나니라. 내가 그대를 대신하여 그대의 지은 죄를 받게 된다면 나에게 죄송하다고도 할 것이요, 나를 피하려고도 할 것이나, 화복간에 그대가 지은 일은 반드시 그대가 받는 것이라, 지금 그대는 나를 속였다고 생각하나 실상은 그대를 속인 것이니, 이 뒤부터는 공연히 나를 피하려하지 말고 다시 그대의 마음을 단속하는 데에 힘쓸지어다.」

대종경 인과품 30장

앵무새의 특징이 무엇입니까? 앵무새가 말의 의미를 아는지 모르는지는 잘 모르겠지만 사람 말을 따라한다는 특징을 가지고 있습니다. 그런데 앵무새는 사람 말을 따라 하기는 하지만 거짓말은 하지 못합니다. 고문부가 엮은 〈현대웃음백서〉에 앵무새라는 제목으로 나오는 이야기입니다.

어느 한적한 시골에 한 음식점이 있었습니다. 주인이 장사가 안 되니까 손님의 관심을 끌만한 것이 무엇이 있을까 하고 고심하다가 이 음식점 입구에 앵무새를 사다 놓기로 했습니다. 오는 사람에게 "어서 오세요" 가는 사람에게 "안녕히 가세요"를 훈련시켜 관심을 갖도록 하려는 것이었죠.

그런데 이 앵무새가 "어서 오세요" "안녕히 가세요"를 잘 하다가 어느 날 부터는 들어오고 나가는 사람에게 "에이 맛없어" "에이 맛없어"라고 하는 것이었습니다. 화가 난 주인은 앵무새에게 "한번만 더 그러면 입을 꿰매버리겠다"고 협박을 했습니다. 그런데도 앵무새는 말을 듣지 않고 계속해서 오는 손님 가는 손님에게 "에이 맛없어" "에이 맛없어"라고 하는 것이었습니다.

머리끝까지 화가 난 주인은 손님이 돌아간 다음에 바늘에 실을 꿰어 앵무새의 입을 꿰매려고 하였으나 딱딱한 부리를 꿰맬 수 없었습니다. 분이 안 풀린 주인은 입 대신 똥꼬를 꿰매버렸습니다. 그러니 앵무새는 배설을 못해서 배가 남산만 해졌습니다.

그런데 어느 날 배가 남산만 한 만삭의 임산부가 식당으로 들어오는 것을 유심히 지켜보던 앵무새가 그 부인에게 "너도 똥꼬

꿰맷냐?' 하고 물었습니다.

남을 속인다는 것은 결국 자기를 속인 것이라는 원리를 공부하도록 하겠습니다.

스승님과의 맹세는 자기와의 맹서

스승님 앞에서 잘 해보겠다고 맹세한 것은 겉으로는 스승님에게 맹세한 것처럼 생각되지만, 자기가 행한 모든 언행에 대한 책임은 자기가 져야 되기 때문에 결국은 자기와의 맹세라고 하였습니다.

스승을 속인 것은 자기를 속인 것이다.

'내가 그대를 대신하여 그대의 지은 죄를 받게 된다면 나에게 죄송하다고도 할 것이요 나를 피하려고도 할 것이나, 화복간에 그대가 지은 일은 반드시 그대가 받는 것이라, 지금 그대는 나를 속였다고 생각하나 실상은 그대를 속인 것이니, 이 뒤부터는 공연히 나를 피하려하지 말고 다시 그대의 마음을 단속하는 데에 힘쓸지어다.'

자기가 한 모든 육근동작은 자기가 책임져야 되기 때문에 자기가 조물주이고, 스승을 속인 것은 자기를 속인 것이 된다는 말씀입니다.

조물주로 살자

대종사님께서 인과품 3장에 '식물들은 뿌리를 땅에 박고, 동물들은 하늘에 뿌리를 박고 산다.'고 밝혀주셨듯이, 우리의 육근은 나의 본래 성품과 일원의 진리가 교감하며 드나드는 문이고, 진리와 내가 사용하는 도구입니다.

하늘이라고 하는 일원의 진리인 우주는 육근을 드나들고 쓰기만 하는 것이 아니라 일초도 놓치지 않고 사실대로 기록하는 나와 일원의 진리가 공유하는 블랙박스입니다. 비행기에서 사용하는 블랙박스는 비행기의 모든 기록을 하는 기록장치일 뿐이지만, 나와 일원의 진리 블랙박스는 따로 공간을 차지하지도 않으면서 나의 모든 정보가 컴퓨터처럼 자동 처리되어 기록을 꺼내어 쓰고 저장하고, 쓰고 저장하는 것이 하나도 놓치지 않고 기록되면서 육근을 통해서 입력 출력이 전자동으로 이루어집니다.

그 우주를 사용하는 주체가 나이기 때문에 내가 조물주이고, 조물주인 나의 주체는 바로 내 마음입니다.

내가 한 일체 육근 동작은 나의 책임이기 때문에, 육근 동작을 할 때는 결과를 예측해서 책임 있는 육근 동작을 해야 합니다. 무책임한 육근 동작은 장님이 지팡이도 없이 마구 뛰어다니는 것과 같습니다.

인과의 이치를 복수의 구실로 삼는 무책임한 피조물 사고방식으로 양심의 가책도 받지 않고 자랑스럽게 자폭 테러를 감행하는 뉴스를 볼 때 세계의 장래가 심히 걱정됩니다. 인과를 모르고 제 감정대로 행동하는 어리석은 행동은 마치 시각장애인이 불 꺼진 등불을 들고 불 꺼진 줄도 모르고 깜깜한 밤거리를 활보하는 것과 같습니다. 장님은 자기가 장님인 줄 알기 때문에 스스로 조심이라도 하지만, 진리의 장님인 중생은 자기가 장님인줄 모르기 때문에 함부로 행동하기 쉽습니다.

자기가 피조물 사고방식을 가지든, 조물주 사고방식을 가지든, 믿거나 말거나 하는 것과 관계없이 인과의 진리는 지은대로 되돌려 받기 때문에, 육근을 통해서 보고, 듣고, 냄새 맡고, 말하고, 느끼고, 생각할 때, 반드시 책임감을 가지고 동작해야 합니다. 또한 인과의 이치를 알아도 실천하지 않으면 믿지 않거나 모르는 것과 똑 같이 원하지 않는 고통을 받기 때문에, 육근 동작은 할 때는 반드시 책임있는 동작을 해야 합니다.

나의 미래를 좋게 창조하는 것도 나이며, 나의 미래를 나쁘게 만드는 것도 나입니다. 음식을 맛없게 한 것은 주인의 잘못이지 앵무새의 잘못은 아닙니다. 음식을 맛없게 하니까 손님이 먹고 나가면서 "에이 맛없어, 에이 맛없어" 하였고, 앵무새는 그 말을 배워서 "에이 맛없어, 에이 맛없어"를 했을 뿐입니다.

주인이 음식을 맛없게 하면서 앵무새를 미끼로 하는 속임 장사를 해서는 안 됩니다. 음식을 맛없게 해서 손님이 안 오고, 손님이 안 오니까 손해가 나는 것이지 앵무새 탓이 아닙니다.

음식으로 돈을 벌고 싶으면 손님을 가족처럼 생각하는 진심을 가지고 좋은 재료를 써서 음식을 맛있게 하면 손님도 만족하고 주인도 만족하여 다 함께 행복해질 수 있습니다. 이것이 인과의 이치에 맞게 자기 앞길을 개척하고 창조하는 길입니다.

그렇게 하려면 몸과 마음을 통제하는 능력을 길러야 되는데, 자기의 실체인 마음을 알고 마음을 기르고 마음을 사용하는 공부가 없으면 불가능한 일입니다. 그러므로 자기 앞길을 개척하고 창조하는 가장 확실한 방법은 마음 공부라는 것을 아무리 강조해도 지나침이 없습니다.

제자가 스승을 속였다고 죄송하다고 하였으나 실상은 자기가 자기를 속이고 자기가 고통을 당하는 것이라고 하였습니다. 명백하게 스스로 자기를 속이는 일을 하면서도 우리 보통 사람들은 무책임하게 조상과 귀신과 부처와 하늘과 진리를 핑계 대고 원망하는데, 그것은 인과의 이치에 맞지 않습니다.

자기를 파괴하는 것도 자기이고 자기를 새롭게 창조하는 것도 자기이기 때문에, 현재 당하는 모든 일은 자기가 눈·귀·코·입·몸·마음으로 해왔던 결과이면서 또한 앞으로 받을 원인이 되는 것입니다.

그러므로 지은대로 받는 인과의 원칙과 모든 업의 주체인 자기가 자기의 조물주라는 것을 명심해야 합니다.

인과의 원칙은 믿지 않아도 있는 것이며, 윤회업보를 믿지 않아도 윤회업보가 있는 것이므로, 믿지 않고 바르게 행하지 않으면 나만 불행해질 뿐입니다. 영원히 행복해 지고 싶다면, 지은대로 받는다는 인과의 이치를 믿고 살아야 합니다.

습관과
인과응보의 시기

대종사 영산에 계실 때에 하루는 채포(菜圃)에 나가시니, 채포 가에 있는 분항에 거름 물이 가득하여 뭇 벌레가 화생하였는데, 마침 쥐 한 마리가 그것을 주워 먹고 가는지라, 밭을 매던 제자들이 "저 쥐가 때로 와서 저렇게 주워 먹고 가나이다." 하거늘, 대종사 말씀하시기를 「지금은 저 쥐가 벌레들을 마음대로 주워 먹으나 며칠 안에 저 쥐가 벌레들에게 먹히는 바 되리라.」 제자들이 말씀 뜻을 충분히 이해하지 못하여 "삼세 인과가 어찌 그리 빠르리요" 하였더니, 며칠 후에 과연 그 쥐가 분항에 빠져 썩기 시작하매 뭇 벌레가 그 쥐를 빨아먹고 있는지라, 대종사 말씀하시기를 「내가 전일에 한 말을 그대들은 이상히 생각하는 듯 하였으나 나는 다만 그 기틀을 보고 말한 것 뿐이니라. 당시에는 분항 속에 거름이 가득하므로 쥐가 그 위를 횡행하며 벌레를 주워 먹었으나, 채소 밭을 매고서는 응당 그 거름을 퍼서 쓸 것이요, 그러면 그 항속은 깊어져서 주의 없이 드나들던 저 쥐가 반드시 항속에 빠져 죽을 것이며 그러하면 뭇 벌레의 밥이 될 수 밖에 없는 것을 미리 추측한 것이니라.」 하시고, 이어서 말씀하시기를 「사람의 죄복간 인과도 그 일의 성질에 따라 후생에 받을 것은 후생에 받고 현생에 받을 것은 현생에 받게 되는 것이 이와 다를 것이 없나니라.」

대종경 인과품 31장

부산에서 부자로 사는 원불교 교도 한 분이 있었습니다. 그 교
도님께서는 곳곳에 복을 심을 줄 아는 며느리를 얻고 싶어했습
니다. 신랑감인 아들이 많이 배우고 인물 좋고 똑똑하고 부잣집
아들이니까, 주변 사람들을 통해서 사방에서 청혼이 들어왔습니
다. 그런데 그 교도님은 주변 친구들이 똑똑한 며느리 얻어서 호
강하는 것이 아니라 오히려 구박 받는 것을 많이 보았기 때문에,
자기 며느리는 학력이 좀 부족하더라도 부모 섬길 줄 알고, 형제
간에 우애하고, 살림 잘하고, 복 지을 줄 아는 며느리를 얻기로
결심했습니다. 그러나 현실에서 그런 며느리 감은 좀처럼 눈에
띄지 않았습니다.

　어느 날은 교도님께서 친구들과 버스를 대절하여 양산 통도사
로 놀러 갔습니다. 그런데 그 옆에 미니버스를 불러서 놀러온 무
리가 있었는데 그 가운데 단정하고 참해 보이는 처녀가 눈에 띄
어서 눈여겨 지켜보게 되었습니다.

　그 시절은 나무 도시락을 사용하는 때였는데, 점심 때가 되어
도시락을 먹을 때 모두를 뚜껑을 벗겨서 아무렇게 버리고 먹는
데, 그 처녀는 뚜껑에 붙은 밥알을 다 떼어 먹은 다음에 한쪽에
얌전하게 놔두고 도시락을 복스럽게 먹는 것이었습니다. 노는데
도 구김살 없이 잘 놀고, 성격이 쾌활하며, 처신하는데 조금도
법도에 어긋남이 없었습니다. 놀고 나서 갈 때도 다른 사람들은
자기 짐 챙겨서 차타기 바쁜데, 이 처녀는 주변 쓰레기 모아서
태우고 정리가 끝난 다음에 제일 마지막 차에 오르는 것이었습
니다. 그 교도는 부지런하고 쾌활하고 책임감 있는 그 처녀가 맘

에 들어 어디서 온 처녀인지 알아뒀습니다.

며칠이 지난 뒤 그 교도는 그 처녀가 사는 마을을 찾아갔습니다. 마을 사람들에게 그 집 사정에 대하여 물어보니, 뼈대 있는 양반 집 자손이지만 현재는 가난한데다가 학교도 중학교 밖에 못 나왔으며, 그 딸이 큰 딸로 집안을 이끌어 가기 때문에 그 처녀가 시집가면 그 집이 곤란할 것이라는 이야기를 하는 것이었습니다.

그 뒤로 그 교도는 다른 혼처 자리를 다 물리치고 그 처녀를 며느리로 삼았습니다. 그리고 며느리 친정집에도 먹고 살 수 있도록 경제적인 뒷받침도 해 주었습니다.

인과품 31장에서 밝혀주신 분항쥐처럼 평상시의 습관은 자신의 생사와 행복과 불행을 결정짓게 되는 중요한 요인이 됩니다. 오늘은 자기 미래의 운명을 좌우하는 평상시 자기 습관에 대하여 공부합시다.

인과는 미신이 아니고 과학이다

인과를 믿을 때 신비한 점괘처럼 생각하기 쉬운데 인과는 과학입니다. 인과보응의 이치는 지은대로 받는 것이지 원인 없는 결과는 없는 것이므로 과학이라고 하는 것입니다.

과학이라고 하는 것이 눈에 보이는 증거만 믿으려 하기 때문에 인과를 비 과학처럼 생각하기 쉽지만, 인과의 원리는 반드시 원인이 있으면 음양상승의 원리에 따라서 반드시 결과가 나타나는 것입니다. 단지 그 결과가 언제 나타날지 몰라 예측이 어렵기 때문에 인과를 미신스럽게 생각하는 사람이 많은 것입니다.

결과에서 원인을 찾는 과학은 그 원리가 인과보응이며, 인과보응이 없는 과학이 존재할 수 없으므로 과학의 근본원리는 인과입니다. 따라서 인과를 인식하고 받아들일 때도 과학적인 사고로 받아들여야 합니다.

인과 업보를 합리적으로 믿어라.

인과업보를 신비하게 호기심으로만 바라보는 것은 잘못된 생각이며, 자기 인생에도 별로 도움이 안 됩니다. 인과 업보를 합리적으로 믿어야 자기 인생에 도움이 되는 실천을 할 수 있습니다. 교당에 와서 설교를 들을 때 극장에서 코미디 영화를 보는 것처럼 호기심과 재미로만 들으면 자기 인생에 변화가 없습니다.

제가 그동안 교화를 하면서 지켜본 것을 말씀드리자면, 교도님 가운데는 마음공부를 통해 생활이 엄청 달라지고 장래가 촉망되는 교도님도 있고, 10년 전이나 20년 전이나 지금이나 사시순환처럼 변함이 없는 습관을 가진 교도님도 있고, 그동안 자기가 잘 나서 나쁜 습관이 늘어나 스스로 잘 난 척 하는 교도님도 있습니다.

스스로 잘 난 척 하는 교도님을 보면 안타까운 감정이 일어납니다.

인과를 합리적으로 믿어서 일상생활을 합리적으로 살아가도록 육근동작을 길들여가야 합니다.

자기가 조물주라는 것을 믿어라.

인과를 믿을 때는 가장 기본적으로 자기가 한 행동에 대하여 자기가 책임지는 이치가 인과보응의 이치라는 것을 믿어야 합니다.

행동은 잘못하면서 부적 한 장에 자기 운명을 의지한다고 해서 자기 팔자가 고쳐지는 것이 아니기 때문에, 앞에 소개한 아가씨처럼 평상시에 바른 맘씨, 바른 말씨, 바른 행동씨를 잘하는 습관을 가져야 합니다.

육도 윤회에 진급하고 강급하는 것은 전적으로 자기 조물주의 책임입니다. 자기의 조물주는 자기이기 때문에, 자기 운명은 자기가 창조해가야지 점괘나 미신에 인생을 거는 사람들처럼 자기 운명을 남에게 맡겨서는 안됩니다. 복은 자기의 좋은 마음과 좋은 습관의 결과로 얻는 것이라는 것을 믿어야 합니다.

바르게 믿어야 덕을 본다.

인과의 이치는 선업을 지었으면 지은대로 복을 받는 것이고, 악업을 지었으면 지은대로 벌을 받을 것입니다. 악업을 지어놓고 기도나 부적으로 대체할 수 있다고 믿는 것은 잘못 믿는 것이기 때문에 덕을 볼 수 없습니다.

아무리 바른 신앙을 한다 해도, 바른 신앙을 하면서 선업을 지으며 기도를 해야 복을 받는 신앙입니다. 바르게 믿는다는 것은 행동까지 포함한 것이므로, 생각이나 말로만 믿는다고 해서 바르게 믿는 것이라고 볼 수 없습니다. 말이라도 바른 말을 하는 것이 나쁜 말 하는 것보다 낫지만, 바른 말과 바른 생각과 바른 행동이 일치되어야 확실한 복을 받을 수 있습니다.

좋은 습관을 길들이도록 한다.

우리 육근 동작이 결정되는 것은 한 생각입니다.

쥐는 습관적으로 같은 길을 반복하여 다니고, 먹고 사는 곳도 대체로 일정하다고 합니다. 분항쥐가 잘 다니던 분항에 빠지는 것처럼, 우리의 생각도 가는 곳만 반복적으로 가는 습관이 있기 때문에, 나쁜 생각을 하는 습관은 고통받는 지옥의 함정에 빠집니다.

마음 공부를 하라, 계문을 지켜라, 교리 공부를 하라고 하는 것은, 생각이 바뀌어야 행동이 바뀌고, 행동이 바뀌어야 팔자가 바뀌기 때문입니다. 나의 한 생각이 나의 미래를 결정하는 것이므로 항상 공부심 놓지 말고 바른 생각을 가지도록 살아야 자기 팔자가 훤하게 열릴 것입니다.

요즈음 여학생들이나 아가씨들 중에는 함부로 말하고, 함부로 행동하며, 지극히 이기적이어서, 지켜보는 내가 낯 뜨거울 때가 많이 있습니다.

앞에서 소개한 처녀는 평상시에 바른 마음씨, 바른 말씨, 바른 행동을 잘 하는 습관을 길들인 관계로 뜻하지 않게 언감생심 꿈도 못꿔본 큰 부잣집 며느리가 되어 행복하게 살게 되었습니다.

몸과 마음으로 쌓은 그 업력의 힘은, 선업 짓는 행동이나 악업 짓는 행동이나 힘이 쌓이면 그 업력의 힘에 의해서 저절로 행해집니다.

생각을 반복하면 쥐가 다니는 길처럼 길이 나듯, 우리 행동도 생각을 따라 가는 것이기 때문에, 생각 따라 행동을 반복하면 힘이 쌓이게 됩니다. 이처럼 힘이 쌓이는 것을 업력이라고 하며, 업력은 처음에는 미약하나 행할수록 힘이 쌓여서 나중에는 저절로 행해지게 됩니다.

좋은 습관은 죽기로써 실천한다.

유감스러운 것은 선업 짓는 행동은 잘 안되고, 악업 짓는 행동은 길이 잘 들기 때문에 선업 쌓는데 더 많은 노력을 해야 합니다. 그러므로 솔성요론 13조에서는 '정당한 일이면 죽기로써 행하고' 14조에서는 '부당한 일이면 죽기로써 하지 말라' 고 하신 것입니다.

나의 팔자를 좋게 고치려면 죽기로써 좋은 습관 길들이기에 힘써야 조금씩 조금씩 바뀌게 되며, 좋은 습관은 반복함으로써 힘이 쌓여 나중에는 저절로 잘 되는 경지에 들어가게 되는 것입니다. 저절로 잘 되는 경지가 출가위이고, 자유자재하면 여래위입니다. 그러므로 자기 팔자를 고치려면 나쁜 습관은 죽기로써 금하고, 좋은 습관은 죽기로써 실천해야 합니다.

인과업보가 교환되는 시기를 모르기 때문에 신비하고 미신적으로 생각하는 사람들이 많은데, 인과는 신기한 것이 아니라 상식이고 과학입니다.

선과 악 업의 성질과 상황과 상대에 따라서 받는 시기는 음양 상승의 원리에 따라 다르지만, 기본적인 인과 원칙은 눈·귀·코·입·몸·마음의 작용이 업이고, 업은 반복하면 업력이라는 힘이 쌓이는 것이기 때문에, 그 업력이 축적되는 것은 육근의 습관이므로, 우리가 마음 공부로 좋은 생각을 길들이고, 좋은 행동을 하는 습관을 길들이는 것이 악업을 면할 수 있는 중요한 길임을 잊지 마시기 바랍니다.

도산지옥

김삼매화(金三昧華)가 식당에서 육물을 썰고 있는지라 대종사 보시고 물으시기를 「그대는 도산지옥(刀山地獄)을 구경하였는가.」 삼매화 사뢰기를 "구경하지 못하였나이다." 대종사 말씀하시기를 「도마 위에 고기가 도산지옥에 있나니 죽을 때에도 도끼로 찍히고 칼로 찢겨서 천포 만포가 되었으며 여러 사람이 사다가 또한 집집에서 그렇게 천 칼 만 칼로 써니 어찌 두렵지 아니하리요.」

대종경 인과품 32장

심성전 교무님이 부모님이 대종사님께서 해 주신 법문을 직접 받들었다면서 전해준 이야기입니다.

어느 날 대종사님께서 제자들에게 "지옥이 어디 있는 줄 아느냐?" 하고 물었습니다. 제자들은 "죽어서 고통 받는 세계"라고 대답했습니다. 그러나 대종사님께서는 "땅에 기어다니는 곤충이나 벌레들이 현실지옥이다. 불나면 불에 타 죽기도 하고 사람이나 동물이 걸어다닐 때 밟혀 죽기도 하는데 피할 수가 없기 때문이다." 라고 말씀하셨습니다.

화탕지옥, 무간지옥, 도산지옥 등으로 지옥을 생각했던 저는 그 법문을 전해 듣고 현실지옥을 여실히 이해할 수 있게 되었습니다.

지옥이 어디 있나?

대종사님께서는 '도산지옥은 현실에 있다' 하셨습니다.
제가 대전 구봉교당 개척 당시 청소를 하다가 장판에 손을 베인 적이 있었는데, 그 느낌은 아프면서도 온 몸이 오싹한 공포감이었습니다. 한 번 베인 뒤로는 한 동안 장판 끝이 있는 가장자리 청소를 할 때마다 몸에 소름이 돋는 느낌을 받았습니다. 이와 같은 칼이 산의 숲을 이루고 있는 지옥을 한자로 도산지옥이라고 합니다.

우리가 사는 현실에 있는 지옥을 크게 세 가지로 분류해 보았
습니다.

마음 지옥

모든 고통의 원인이 마음에 있다는 것을 잘 아실 것입니다. 우
리 마음 가운데에 고통의 원인이 셀 수 없이 많은데, 그 중 대장은
욕심과 성냄과 어리석음으로 이것을 삼독심이라고 합니다. 욕심
을 냈으나 그 욕심이 채워지지 않아서 괴롭고, 괴로워서 짜증내
고 화내니 괴롭고, 고통에서 벗어날 생각은 못하고 고통에 이중
삼중으로 어리석음에 빠져들어서 괴로운 것입니다. 이와 같이
고통 받는 마음이 바로 마음 지옥입니다.

몸 지옥

몸이 아파서 편한 사람은 없을 것입니다. 도산지옥을 비롯해서
몸을 다쳐서 아프거나 병들어서 아픈 것은 그 자체가 다 괴로운
몸 지옥입니다. 저도 전생에 지은 업보로 총 맞은 일도 있었고,
대장암 발병으로 죽을 만큼 아픔을 당해보았는데, 어떻게 아프
다는 표현이 불가능할 정도의 지옥이었습니다.

환경지옥

내가 살고 있는 모든 환경이 열악하면 괴로운 것입니다. 물이
없어 괴롭고, 물이 나빠 괴롭고, 시끄러워서 괴롭고, 공기가 오
염돼서 괴롭고, 벌레가 많아 괴롭고, 싫은 냄새가 나서 괴롭고,

문화적인 생활환경이 불편해서 괴롭습니다. 이러한 것이 환경지
옥입니다.

지옥을 면하는 공부

마음 지옥을 벗어나는 공부

모든 고통의 원인이 마음에 있다면 그것을 벗어나는 열쇠도 마
음에 있습니다. 마음 가운데에도 지옥의 원인이 되는 대장은 욕
심과 성냄과 어리석음이기 때문에 마음 지옥의 대장인 이 삼독
심을 제거하는 것이 가장 중요한 공부입니다.

우리 중생들은 욕심을 부려 욕심이 안 채워져서 괴롭고, 괴로
워서 짜증내고 화내니 괴롭고, 고통에서 벗어날 생각은 못하고
고통에 이중 삼중으로 어리석게 빠져들어서 괴로운데, 이 고통
을 즐기는 것처럼 살아가면 그 고통이 영원히 이어질 수밖에 없
는 것입니다.

이와 같이 고통 받는 마음의 지옥을 마음 공부로 벗어나야 지
상극락에서 행복하게 살 수 있습니다. 고통을 누가 만들어 준다
고 원망하고 괴로워하지만, 모든 고통의 원인은 자기 마음이며
행복하게 하는 것도 자기 마음입니다. 따라서 마음 공부 없이 행
복한 마음 가지기는 어려운 것이므로, 대종사님의 마음 공부를
통해서 행복한 마음을 만들어가야 합니다.

몸 지옥을 벗어나는 공부

몸을 다쳐서 아프거나 병 들어서 아픈 것은 그 자체가 괴로운 지옥이라는 것은 누구나 공감할 것입니다.

저는 대장암이라는 경계를 통해서 생사를 넘나드는 고통을 받으면서 알고도 짓고 모르고도 지은 업보에 대하여 참회기도를 계속하고 있습니다.

그런데 그 고통의 원인을 자기 자신이라고 생각해 보는 사람은 많지 않습니다. 그 고통의 원인 제공자는 바로 자기 자신인데, 부모를 원망하고 세상을 원망하고 진리를 원망합니다.

남을 병들게 하면 내가 병드는 과보를 받고, 남을 때리면 내가 얻어맞는 과보를 받고, 남을 죽이면 나도 죽임을 당하는 과보를 받는 것이므로, 내 입장만 생각할 것이 아니라 반드시 상대방의 입장을 바꿔서 생각하는 마음공부가 몸의 고통 받을 일을 예방하는 공부가 되는 것입니다.

몸 지옥에서 벗어나는 공부는 남에게 고통을 주지 않는 것입니다.

환경 지옥을 벗어나는 공부

내가 살고 있는 생활 환경이 열악하면 괴로운 것입니다. 그러나 이같은 환경 지옥은 누가 만들어 준 것이 아니라 스스로 만든 것입니다.

그것을 마련한 시기가 현재이면 모르겠지만 대개 과거에 이루어진 일이기 때문에 그 기억은 몸이 바뀔 때나 시간이 지나면서 지워져서 그 사실을 모르고 받습니다.

그래서 우리 중생들은 그 환경 나쁜 것을 이웃과 나라와 진리의 탓으로 돌립니다. 몰라서 그렇지, 알고 보면 다 자기 자신을 원망할 일입니다.

우리가 환경 지옥을 벗어나려면 천지 보은 조항을 실천하면 됩니다. 천지 보은에서 실천해야 할 조항이 많지만 누구나 당장 꼭 실천해야 할 사항은 적게 먹고 적게 쓰는 것입니다.

날이 갈수록 지구 환경 오염을 심각하게 생각하는 사람들이 늘고 있습니다. 인류가 다 함께 실천해야 다 함께 좋은 환경에서 행복하게 살 수 있습니다.

우리 속담에 "남향집에 사는 것도 삼대 적선을 해야 한다."는 말이 있는데, 좋은 환경에서 사는 복은 천지에 보은하는 복을 많이 지어야 한다는 의미로 생각 되는 말입니다.

쓰레기 아무 데나 버리는 사람이 많은데, 결국 자기 주변에 버려서 오염을 시키고, 그로 인해 많은 사람이 불쾌 내지 피해를 보게 되고, 그 과보로 열악한 환경에서 살게 되는 것입니다.

일본 환경학자가 바다 쓰레기를 추적해 보았더니, 전 세계 쓰레기가 남태평양 한 지점에 모이는 곳이 있는데 그 크기가 한반도 보다 크다고 합니다. 그런데 그 주변에서 참치가 많이 잡히는데, 실험결과 참치가 중금속 덩어리라는 보고가 있어 충격을 주고 있습니다.

쓰레기 하나도 잘 버리고, 분리수거를 철저히 하며, 적게 먹고 적게 써야 환경지옥을 벗어날 수 있습니다.

이 도산지옥 법문에 대한 상황을, 고 용타원 서대인 종사님 생전에 총부에서 추모담 하시는 것을 제가 직접 받들었습니다.

서대인 종사님이 서울교당에 간사로 살 때, 대종사님께서 오시면 교도들이 소고기를 사다 해드리곤 했는데, 어느 날 부엌에 들어오셔서 직접 인과품 32장 법문을 해주셨다고 합니다.

지옥이 멀리 있는 것이 아니라 주방의 도마 위와 땅바닥을 기어다니는 벌레라고 알기 쉽게 설명을 해 주신 것입니다. 지옥이 땅 속에 정해져 있는 공간이 아니라 마음이나 몸이나 환경적으로 고통이 행해지는 현장을 지옥이라고 설명해 주신 것입니다.

만물은 똑같은 생명입니다. 육식을 좋아하여 동물을 함부로 잡아 먹다가 도산지옥에 빠지면 무수한 고통을 받게 될 것입니다.

시방이 한 집안 사생이 한 권속이라고 하였습니다. 대종사님께서 보통급 1조 살생 계문에 연고를 넣어주신 것은 성불제중 하는 공부를 하는데 이 몸의 건강을 유지하기 위한 것이지, 이 몸만을 위해서 살생을 하라는 것은 아닙니다. 또한, 상전급에서 연고 없이 사육을 먹지 말라는 계문을 넣어주신 것도 도산지옥에 빠지지 않게 하기 위함입니다.

마음 공부로 각종 지옥에 빠지지 말고, 특히 도산지옥에 빠지지 않도록 각별히 주의합시다.

앞으로는
마음공부한 사람이
잘 산다

대종사 말씀하시기를 「과거에는 마음이 거짓되고 악한 사람도 당대에는 혹 잘 산 사람이 많이 있었으나, 앞으로는 마음이 거짓되고 악한 사람은 당대를 잘 살아 나가기가 어려울 것이니, 사람들이 자기 일생을 통하여 지은 바 죄복을 자기 당대 안에 거의 다 받을 것이요, 후생으로 미루고 갈 것이 얼마 되지 아니하리라. 그러므로 세상이 밝아질수록 마음 하나가 참되고 선한 사람은 일체가 다 참되고 선하여 그 앞길이 광명하게 열릴 것이나, 마음 하나가 거짓되고 악한 사람은 일체가 다 거짓되고 악하여 그 앞길이 어둡고 막히리라.」

대종경 인과품 33장

중국 당나라 시대에 배도(裵度)라는 사람이 있었습니다. 키가 150센치 밖에 안 되고, 얼굴도 어찌나 못 생겼는지 사람들이 모두 법령입구(法令入口 : 관상에서 양쪽 광대뼈와 코 사이로 내려오는 선이 입으로 들어가면 굶어죽을 상)라고 하였습니다.

서당에 가도 아이들이 "너는 배워봤자 법령입구인데 무엇하러 배우느냐?"며 빌어먹을 놈이라고 놀려대니까, 집에 돌아 와서는 어머니에게 원망을 퍼부었습니다.

어머니가 생각을 해봐도 자기 자식이지만 너무 못생겼습니다. 그래도 어머니는 부모 마음에 안쓰러워서 혹시나 하는 마음에 "저 마을에 사주관상을 아주 잘 보는 사람이 있다는데 한 번 가보자."하고 배도를 데리고 찾아갔습니다.

사주관상 보는 사람은 어찌나 관상을 잘 보던지 말보다 행동으로 먼저 보여주는 사람이었습니다. 정승이나 대신이 될 사람은 마당까지 나가서 "어서 오시오" 하고 영접하고, 하급 관리가 될 사람은 방에 앉아서 맞으며, 빌어먹을 사람은 방에서 내다보지도 않았다고 합니다.

그런데 배도가 찾아오자 관상쟁이는 문을 닫고 내다보지도 않는 것이었습니다. 화가 난 배도는 "에잇 빌어먹을…, 내가 사주팔자를 고쳐야지…"하고, 그 길로 10년을 작정하고 오직 글공부만 했습니다. 그리하여 나라에서 치르는 과거에 나가 장원급제를 하였습니다.

배도는 "그놈의 관상쟁이, 훌륭하게 벼슬을 한 나를 지금도 박대하면 혼내줘야지"하고, 단단히 벼르고 옛날 입었던 허름한 옷을 입고 찾아갔습니다. 그런데 사주관상 보는 사람이 마당까지 나와서 "어서 오시오" 하고 영접을 하는 것이었습니다.

군수가 된 배도는 배휴라고 이름을 바꿨는데, 배휴가 "여보쇼 나를 알겠소. 10년 전에 찾아왔던 사람인데, 그 때는 빌어먹을 상이라고 쳐다보지도 않더니, 어찌 오늘은 반갑게 맞이하시오." 하고 빈정거리며 따졌습니다.

그러자 사주관상 보는 사람은 "삼일 전에 다녀간 사람도 모르는데 10년 전에 다녀간 사람을 어떻게 알겠소. 당신이 10년 동안 무슨 마음을 먹고 공부를 했는지는 모르지만, 그 때는 빌어먹을 상이었는데, 지금은 상서로운 기운이 도는 상이오." 하고 덧붙여서 말하기를, "사주보다는 상이 잘 생겨야 하고, 상보다는 마음이 잘 생겨야 하는 것입니다. 사람은 하루에도 몇 번씩 변하는 것이요, 마음을 잘 쓰면 사람이 달라지는 것이요, 당신은 10년 동안 마음 닦는 공부를 했지요. 앞으로 좋게 될 것이오."라고 하였습니다.

그 뒤 배휴는 당나라에서 유명한 정승의 반열에 올랐습니다.

대종사님과 정산 종사님께서는 자주 "절대 점 보러 가지마라. 자기 팔자는 자기가 마음 공부로 고치는 것이지, 점장이가 고쳐주지 않는 것"이라고 일러주셨다고 합니다.

앞으로 밝은 시대는 마음 공부를 잘하는 사람이 잘 사는 시대라고 하셨으니 마음 공부에 대하여 공부하도록 합시다.

마음에 따라 잘 살고 못 사는 이치

과거(어두운 시대)

법문에 "과거에는 마음이 거짓되고 악한 사람도 당대에는 혹 잘 산 사람이 있었다"고 하셨는데, 과거에는 인지가 어둡고 소통이 잘 안 되는 시대라 거짓말도 통하는 시대이고, 악한 사람도 혹 잘 사는 사람도 있었다고 하였습니다.

인지가 어두운 과거에는 가까운 곳에서 무슨 일이 일어나면 알 수 있지만, 먼 곳에 무슨 일이 일어나면 알 수 없었습니다. 특히 과거에는 통신발달이 되지 않아 먼 곳에 일어나는 일은 잘 알 수 없었습니다.

따라서 어두운 과거에는 나쁜 짓 하는 사람도 세상을 속이고 혹 당대에 잘 사는 사람도 있었다는 말씀입니다.

미래(밝은 시대)

법문에 "앞으로는 마음이 거짓되고 악한 사람은 당대를 잘 살아 나가기가 어려울 것이니, 사람들이 자기 일생을 통하여 지은 바 죄 복을 자기 당대 안에 거의 다 받을 것이요, 후생으로 미루고 갈 것이 얼마 되지 아니하리라."고 하셨습니다.

통신과 교통의 발달로 인하여 지구촌이 하나의 나라처럼 소통되기 시작한 지 백여 년 밖에 안 되었지만, 엄청나게 빠른 속도로 발전을 하고 있습니다. 과거 100년 동안 발달한 것보다 현재

한 달의 속도가 더 빠르다고 하니까 변화의 속도가 얼마나 빠릅니까?

문명의 발달이 빠르면 모든 관계도 그만큼 빨라지는 것이기 때문에 선악 간 지은 죄와 복의 과보도 그만큼 빠를 수밖에 없습니다. 밝은 시대는 숨길 수 없기 때문에 진실만 통하는 시대이며, 짓고 받는 시기도 빠릅니다. 아직도 이 세상에 거짓이 난무하는 것은 과거 사고방식을 가진 사람들이 많기도 하지만, 사건 사고가 과거와 같은 숫자라고 해도 통신 소통이 잘 되는 시대라, 숨겨지는 것이 없이 다 밝혀지니까 많은 것처럼 느껴지는 것 일 수도 있습니다.

밝은 시대 공부

법문에 "세상이 밝아질수록 마음 하나가 참되고 선한 사람은 일체가 다 참되고 선하여 그 앞길이 광명하게 열릴 것이라."고 하였습니다.

밝은 시대에 사는 우리는 나의 앞길이 밝게 열리게 하려면 대종사님께서 지적해 주신 대로 마음이 참되고 선해지는 공부를 해야 합니다.

인과에 대한 철저한 믿음

대종경 교단품 23장에 "육안이 어두운 사람은 조심이라도 하는데 심안이 어두운 중생은 함부로 행동한다"는 말씀을 해주셨습니다.

어리석은 중생들이 세상을 바르게 살아가기 위해서는 진리를 모르면 성인의 말씀이라도 믿어야 되는데, 진리에 눈이 어두운 사람일수록 성인의 말씀을 믿지 않는 것이 안타까운 현실입니다. 인과를 믿지 않으면서 입으로는 인과를 말하고, 복을 원하면서 죄짓는 일만 행하니, 결과적으로 원하는 복락은 오지 않고 원하지 않는 죄벌과 고통이 따르는 것입니다.

인과를 말로만 믿을 것이 아니라, 인과의 이치를 가슴과 행동으로 철저히 믿어야 내가 원하는 것을 원하는 대로 얻을 수 있습니다. 인과에 대한 믿음이 철저해야 인과의 이치를 나에게 유리하게 활용할 수 있는 것입니다.

참된 마음을 아는 공부

세상이 밝아져서 이제는 사회 운동가들도 마음 공부를 해야 세상이 달라진다는 것을 알고, 마음 공부 사회운동을 펼치는 시대가 되었습니다.

마음 공부는 참마음 찾는 공부입니다. 그런데 참마음이란 무엇일까요?

참마음은 우리의 본래 마음입니다. 먼저 나의 참마음을 알아가는 공부부터 시작합시다.

세상을 잘 사는 비밀은 마음 공부에 있습니다. 잘 살고 싶으면 대종사님께서 일러준 대로 참마음 찾는 마음 공부를 해야 합니다.

참된 마음을 기르는 공부

참된 마음을 안다고 바로 부처가 되는 것은 아닙니다. 성리품 8장에 자기가 거부장자인 것을 아는 것이 견성이고, 잃어버린 재산을 하나하나 찾아오는 것이 솔성이라고 하였습니다. 선조가 남겨준 유산으로 많은 토지가 있다 하더라도 측량도 하고 재판도 하면서 자기 재산의 권한을 확보하는 노력이 있어야 실제로 부자가 되듯, 견성을 하여 본인이 거부장자인 것을 알았어도 삼독심에 도적 맞은 나의 참마음을 하나하나 마음 공부로 찾아오는 것이 참마음 사용하는 권한을 기르는 공부입니다.

도적 맞은 마음은 자유가 없기 때문에 그대로 놔두면 죄고에 시달려 고통만 가중되는 것입니다. 그러므로 잘 살고 싶으면 참마음을 기르는 훈련을 해야 합니다.

참된 마음을 잘 쓰는 공부

대종사님께서 과거 법으로 100생에 할 것을 원불교 법으로 하면 일생에 마칠 수 있다고 하였습니다.

그 이유는 과거에 공부하는 사람들이 염불하는 사람은 염불만 하고, 좌선하는 사람은 좌선만 하고, 경전 읽는 사람은 경전만 읽고, 계문 지키는 사람은 계문만 지켜왔는데, 대종경 수행품 20장에 보면, '이것은 삼학의 각 과목으로 한 사람이 다 해야 할 공부'라고 밝혀주셨습니다.

앉아서 하는 공부는 활동할 때 쓰기 위한 공부이고, 활동할 때 공부심으로 활동을 잘 하면 앉아서 하는 공부도 잘 되는 것이므로, 대종사님 동정일여의 공부법은 앉으나 서나 공백 없이 경계와의 실전에서 공부심으로 일관되는 공부이므로 쉽게 큰 힘을 얻는 공부라고 하였습니다.

염불·좌선할 때 온전한 마음은 경계를 당해서도 유지되어야 취사를 잘 할 수 있는 것인데, 온전한 마음을 경계를 당해서 활용하지 못한다면 염불하고 좌선하여 얻은 실력이 그늘에 자란 버섯과 같이 실용성이 떨어지는 수양력이 되는 것입니다. 그러므로 일 없을 때는 삼학공부로 힘을 기르고, 일 있을 때 그 힘을 활용 하는 공부가 참마음을 잘 쓰는 공부가 되는 것입니다.

대종사님께서 "과거에는 마음이 거짓되고 악한 사람도 당대에는 혹 잘 산 사람이 많이 있었으나, 앞으로는 마음이 거짓되고 악한 사람은 당대를 잘 살아 나가기가 어려울 것"이라고 하셨습니다.

물을 함부로 낭비하면 물 가난 과보를 받는 것과 같이, 사람을 비롯해서 동물, 식물이 나에게 복도 주고 벌도 줄 수 있는 능력이 있음을 알아서 불공을 해야합니다. 무정물까지도 죄복을 줄 수 있는 능력이 있음을 알아서 불공을 해야합니다.

그래서 대종사님께서는 천지만물을 대할 때 항상 존엄하신 부처님을 모시는 심경으로 살라고 하신 것이며, "처처불상 사사불공" 이라는 원불교 인과 신앙의 표어까지 정해 주신 것입니다.

미래 세상에는 반드시 마음 공부를 하면서 바르고 선하게 산 사람이 복 받고 잘사는 세상이라고 강조해 주셨습니다. 세세생생 밝은 지혜와 마르지 않는 샘물처럼 계속 써도 부족함이 없는 복을 받으며 잘 살기 위해서는 참된 마음 공부로 나의 앞 길을 내가 열어가도록 합시다.

원불교인과 신앙
(인과품을 마치면서)

전주의 교도 한 사람이 천주교인과 서로 만나 담화하는 중 천주교인이 묻기를 "귀하는 조물주를 아는가." 하는데 그가 능히 대답하지 못하였더니, 그 사람이 "우리 천주께서는 전지전능 하시니 이가 곧 조물주라." 고 말하는지라, 후일에 대종사께서 그 교도의 보고를 들으시고 웃으시며 말씀하시기를 「그대가 그 사람에게 다시 가서, 귀하가 천주를 조물주라 하니 귀하는 천주를 보았느냐고 물어보라. 그리하여, 보지 못하였다고 하거든 그러면 알지 못하는 것과 같지 않느냐고 말한 후에, 내가 다시 생각하여 보니 조물주가 다른 데 있는 것이 아니라 귀하의 조물주는 곧 귀하요, 나의 조물주는 곧 나며, 일체 생령이 다 각각 자기가 자기의 조물주인 것을 알았노라 하라. 이것이 가장 적절한 말이니 그 사람이 만일 이 뜻에 깨달음이 있다면 바로 큰 복음이 되리라.」

대종경 변의품 9장

유머시리즈 '맹구' 의 한 대목입니다.

맹구가 군대를 갔습니다. 맹구는 완전군장을 하고 행군을 하다가 잠시 휴식을 취하는데, 머리가 가려웠던지 맹구가 손톱으로 철모를 벅벅 긁었습니다.

그걸 옆에서 본 전우가 답답해 한 마디 했습니다.

"야! 맹구야! 머리가 가려우면 철모를 벗고 긁어야지, 왜 그렇게 철모만 긁고 있냐?"

그러자 맹구가 "야! 그러면 너는 길 가다가 엉덩이가 가려우면 바지 벗고 긁냐?" 하고 한심하다는 듯 말했습니다.

맹구와 전우 중에 누구 말이 맞습니까? 두 사람의 말이 다 맞습니다. 머리가 가려우면 철모를 벗고 긁어야 하고, 길가다 엉덩이가 가려우면 바지 위로 긁어야 하는 것은 누구나 아는 상식입니다.

그런데 신앙에도 철모를 긁는 신앙도 있고, 철모를 벗고 머리를 직접 긁는 신앙도 있습니다. 누구에게 부탁해서 복을 비는 신앙은 철모를 쓰고 가려운 머리를 긁는 신앙입니다. 그러나 원불교 신앙은 철모를 벗고 머리 가려운 곳을 직접 긁는 신앙입니다.

원불교 신앙은 대종사님께서 대종경 교의품 15장에 밝혀주신 바와 같이 산부처에게 직접 불공하는 당처불공 신앙으로, 철모를 벗고 머리 가려운 곳을 직접 긁는 것과 같은 합리적이면서도 사실적인 인과 신앙입니다.

오늘은 합리적이고 사실적인 인과 신앙을 정리해 보는 시간입니다.

수행도 인과 신앙

　이성계와 무학대사는 서로 농담을 주고받을 정도로 가까운 사이였다고 합니다. 그런데 무학대사가 법당이 넉넉했나 봅니다. 어느 날 무학대사가 이성계를 찾아가니까 이성계가 먼저 농을 걸었습니다.

　"대사님! 오늘은 돼지 같습니다."

　"전하는 부처님 같습니다."

　"에끼, 농을 하면 농으로 받아야지 그렇게 정석으로 말씀하시면 내가 민망하지 않습니까?"

　"돼지 눈에는 돼지만 보이고, 부처의 눈에는 부처만 보입니다. 나무아미타불-"

　수행은 인과 불공 잘 하는 부처님 되는 방법인데, 자기가 본래 부처인 줄 모르거나 자기가 본래 부처라는 것을 믿지 않으면, 부처 되기 위한 적극적인 수행을 할 수 없습니다.

　일원상 수행에서도 첫 소절이 '일원상의 진리를 신앙하는 동시에' 라고 했습니다. 일원의 진리를 믿고 수행 적공을 하면 한 만큼 부처가 된다는 인과의 진리를 믿어야, 원만구족하고 지공무사한 각자의 마음을 알고 기르고 사용하는 공부를 하여 부처의 인격을 완성하게 될 것입니다.

복 받는 인과 신앙에서 사실불공이 중요한데, 사실불공을 하려면 세상 만물을 부처로 볼 줄 알아야 가능합니다. 자기가 부처인 줄 모르면 세상 만물도 부처인 줄 모르기 때문에 처처불상 사사불공이 잘 되지 않습니다.

수행을 통해서 내가 부처임을 깨닫고, 내가 부처임을 믿어야, 나부터 부처되는 수행을 할 것이며, 나에게 복을 주는 천지 만물에게도 참다운 사실불공을 하여 실제로 복을 받을 수 있는 것입니다.

그러므로 수행도 인과 신앙이 전제되어야 합니다.

원불교 신앙은 인과 신앙

일반적으로 신앙은 마음의 의지처를 찾고 복을 비는 것으로 알고 있는데, 이러한 상식은 인과적으로 맞지 않는 점이 있습니다. 조물주나 부처님에게 복을 비는 기복신앙은 노력 없이 요행을 바라고 기적을 바라는 면이 많기 때문에 인과의 이치에 합당하지 않는 면이 많습니다.

그러나 원불교 신앙은 요행을 배제하는 확실한 인과 신앙입니다. 원불교 교리도를 보면 일원상의 진리를 인과보응의 신앙문과 진공묘유의 수행문으로 나뉘어 있습니다. 교리로 볼 때 사은사요가 인과보응의 신앙문이고, 삼학팔조가 진공묘유의 수행문입니다. 복을 받고 살려면 인과보응의 신앙을 해야 하는데, 원불교 신앙은 복 달라고 비는 요행 신앙이 아니라, 사은사요 교리를 내가 직접 실천해서 직접 복을 작만 하는 인과보응의 신앙이라는 것을 알 수 있습니다. 또한 삼학팔조로 부처의 능력을 갖춰야 사은사요 교리를 원만하게 실천해서 이 세상에 큰 은혜가 나타나게 할 수 있습니다.

원불교 인과 신앙은 원만한 신앙

대종경 신성품 12장에는 "자력신과 타력신을 병진하는 원불교 신앙이 타력신만 믿는 기독교 신앙보다 원만한 신앙" 이라고 하였습니다.

주고 받는 것이 인과의 원리인데, 타력신앙으로 복 달라고 조르는 것은 세상을 영원히 어린 아이처럼 은혜만 받고 살겠다는 것과 같은 것입니다.

은혜를 입었으면 내가 싫어도 내가 몰라도 반드시 갚게 되어있는 것이 인과의 이치입니다. 그러므로 내가 부처임을 믿고, 수행으로 부처의 능력을 키워서 대자대비를 베푸는 것이 확실하게 내가 복 받는 인과 신앙인 것입니다.

내가 힘이 부족할 때 법신불 사은의 힘을 빌리는 것이 타력 신앙이고, 빌린 힘으로 자력을 길러서 보은하는 것이 자력 신앙입니다. 어린아이가 세상에 태어나서 부모의 도움으로 자력을 얻어 어른이 되듯, 자력이 없을 때 법신불 사은의 힘을 빌리는 타력신과 자기의 힘을 기르는 자력신을 아우르는 것이 원만한 신앙이 되는 것입니다.

인과 신앙은 자기 조물주의 신앙

　대종사님께서는 변의품 9장에서 "너의 조물주는 너고 나의 조물주는 나이며, 일체 생령이 다 각각 자기가 자기의 조물주다"고 하였습니다.

　운명을 좌우하는 절대자를 조물주라고 하는데, 그렇다면 나의 운명을 좌우할 절대자가 누구입니까?

　법신불 사은님도, 부처님도, 하나님도 아니고, 바로 나입니다. 법신불 사은이 없어서는 살 수 없는 절대자로 전체 신앙의 대상이기는 하지만, 그 법신불 사은도 내가 짓지 않은 복을 줄 수 없고, 내가 짓지 않은 벌을 줄 수 없습니다. 절대자인 법신불사은도 내가 지은대로 되돌려 주는 절대자이지, 일반 사람들의 생각처럼 나의 운명을 아무 근거 없이 좌지우지 하지 않는 것입니다. 나의 운명은 법신불 사은의 은혜 속에 살면서, 내가 짓는 육근 동작대로 나의 인생이 창조가 되는 것이기 때문에, 내가 곧 나의 조물주입니다.

　오해가 없어야 할 것은 법신불 사은에 대한 절대적인 믿음입니다. 법신불 사은이 없이는 절대로 내가 존재할 수도 없고, 내가 창조자가 될 수도 없다는 것도 알고 믿어야 합니다. 또한 죄복의 권한을 가진 천지 만물 모든 처처불을 합쳐서 법신불 사은이라고 하는 것이므로, 부분적으로 나누어진 각자가 법신불 사은의 분신으로 조물주이기 때문에 처처불입니다. 조물주인 그 처처불의 뜻을 거스리면 나에게 벌이 돌아오고, 처처불의 뜻을 잘 따르면서 불공을 잘 하면 복을 받게 되는 것입니다.

따라서 법신불 사은도 절대자로 믿고, 천지만물도 나도 절대자로 믿어서 불공의 생활을 하라는 것이 원불교의 인과 신앙입니다.

마음의 이치를 믿는 인과 신앙

대종경 교의품 27장에는 "일체가 유심조 되는 이치를 배우고 가르친다"고 하라고 하였습니다.

모든 부처님을 부처답게 하고 기적이 나오는 중심은 마음입니다. 나의 중심도 마음이고, 천지 만물의 중심도 마음입니다. 그 마음은 우리가 생각하는 모든 것이 포함되기는 하지만, 분별망상을 하고 있는 현재 나의 그 마음은 중심 마음이 아닙니다.

일원상 진리에서 이 중심 마음을 우주의 본원이고, 모든 부처님의 심인이고 우리 중생들의 본성이라고 하였습니다. 이 본 마음은 나와 모든 부처와 우주가 하나라는 것입니다. 그러므로 나의 본 마음을 알면 결국 우주의 진리를 다 아는 것입니다.

천지만물의 조화와 인간의 흥망성쇠의 모든 것이 이 마음이 들어서 하는 일들입니다. 이 마음을 의심 없이 확실하게 믿어야 부처되는 공부도 할 것이고, 자타력 병진신앙도 할 것이고, 내 마음을 바르게 사용하는 부처의 만능을 나타나게 할 수도 있는 것입니다.

그러므로 이 세상 일체가 마음의 조화라는 것을 확실하게 믿어야 부처되는 마음 공부도 하고, 복 받는 사사불공도 할 수 있습니다.

"내가 부처이면 상대방도 부처이고, 내가 악마이면 상대방도 악마"입니다. 내가 하는 대로 상대 부처가 반응하는 것입니다.

인과를 어렵게 생각할 것이 없습니다. 한마디로 인과의 이치는 나 하기에 달렸습니다. 모든 중생들이 자기 나름대로는 잘 살아간다고 하지만, "그것은 네 생각이고…"라는 말과 같이, 중생들이 욕심이 가득 차서 생각하는 것과 실천하는 것이 달라서 원하는 것을 얻지 못하는 것입니다.

인과공부는 생각과 행동을 일치 시켜서 내가 원하는 것을 얻는 공부이므로, 원하는 것과 행동을 일치 시키면 우주가 다 내 것입니다. 수행의 자력신과 신앙의 타력신을 아우르는 원만한 인과신앙으로 우주의 주인 되기를 기원합니다.

참고로 한 말씀 더 드릴 것은 지금까지 말씀드린 인과공부가 자기 자신을 개조하고 자기 자신을 행복하게 하는 적극적인 공부라는 것입니다.

보통 사람들을 조금이라도 진리적인 지식을 습득하면 그것을 가지고 남을 평가하고, 세상을 평가하고, 자기에게 이롭게 이용하려고 하는데, 그런 사람은 성인의 법문을 죄짓는 도구로 사용하는 사례이기 때문에 절대로 그런 사람이 되어서는 안 됩니다. 이 인과공부로 지옥과 멀어지기를 간절히 기원합니다.

초보자를 위한 안내

법신불 사은 : 원불교 신앙의 대상을 통칭하는 말

사은 : 천지은, 부모은, 동포은, 법률은(생존의 바탕)

일원상 : 원불교 신앙과 수행의 표본이며 진리의 상징

육근 : 눈, 귀, 코, 입, 몸, 마음으로 외부와 교감하는 통로

삼학 : 정신수양 · 사리연구 · 작업취사로 수행의 기본 원리

처처불상 사사불공 : 원불교 신앙표어

무시선 무처선 : 원불교 수행표어

유 · 무념 : 마음 챙기는 공부법(유념 : 챙김, 무념 : 못 챙김)

음양상승 : 우주의 음과 양 두 기운이 서로 이기는 원리로 인과의
　　　　　가장 기본이 되는 이치

인과보응 : 지은대로 되돌려 받는 원리

불생불멸 : 이 우주는 영원히 생멸이 없다.

상생 : 서로 살리는 것(서로 돕는 것)

상극 : 서로 죽이는 것(서로 해하는 것)

육도윤회 : 과거 · 현재 · 미래로 돌고 도는 여섯 가지 길
　　　　　(육도 : 천상, 인간, 수라, 축생, 아귀, 지옥)

사생 : 모든 생명이 태어나는 과정으로 태생, 난생, 습생(온도와
　　　　습도만 맞으면 생명이 생겨남), 화생(애벌레가 나비로 변화함)

나의 조물주

신산 김명원 교무 설교집 / 대종경 인과품

- 2014년 12월 8일 인쇄
- 2014년 12월 10일 발행

- 저 자 / 김명원
- 펴낸이 / 김영식
- 펴낸곳 / 원불교출판사

등록번호 제7호
등록일자 1967년 7월 1일
주소 570-754 전북 익산시 신용동 344-2
전화 063-854-0784

값 10,000원